JN041609

教頭の実務マニュアル

ツジカワ先生の仕事術

辻川　和彦 著

明治図書

まえがき

教頭の現実（リアル）

　一般的に，「教頭は，きつい」「教頭の仕事は，大変だ」……と，いわれています。

　いったい，何がそんなに「きつい」「大変」なのでしょうか。

　令和3年度に全国の副校長・教頭約2万名へ行った調査において，「負担（疲労やストレス）に感じる職務」の上位3項目は以下のとおりです。

> 第1位　苦情対応（72.8%）
> 第2位　各種調査依頼等への対応（72.7%）
> 第3位　感染症等による不測の事態への対応（68.4%）
>
> 「全国公立学校教頭会の調査―令和3年度―」

　すでに教頭職の経験がある方にとっては，納得の3項目なのではないでしょうか。

　たしかに，苦情の電話は保護者や地域から突然かかってくるし，各種調査依頼は（多少精選されたり簡略化されたりする傾向もありますが）教頭の実務の中ではまだまだ多くの時間が割かれており，遅くまで学校に残ったり休日出勤をしたりする一因になっています。

　また，コロナ禍により，新たに選択肢として挙げられた「感染症等による不測の事態への対応」は，いきなりの第3位です。

　非常事態宣言やまん延防止等重点措置期間等を受けて次々にくる通知への対応，分散・時差登校や部活動の制限，日々の校舎内の消毒等々，新型コロナウイルス感染症への対応に全国の副校長・教頭が大変苦しめられているこ

とが表れています。

　これが，今の教頭の現実〔リアル〕です。

学校の現実〔リアル〕

　このようなことを書いていると，次年度から教頭になることが決まっている人は，

　「どうしよう，教頭になんてならなきゃよかった」

と思っているかもしれません。

　しかし，です。

　教頭職は，本当に「ならなきゃよかった」と思われるような職なのでしょうか？

　いいえ，そんなことはありません。

　トラブルを抱えて困っている担任を助けたり，PTAや地域住民との連携を充実させて学校行事を成功させたりするなど，教頭の活躍の場は多いのです。

> 学校の営みの多くは，実は教頭のおかげで成り立っている

と言っても過言ではありません。

　子どもたちや担任の活躍の裏には，教頭の存在がある―まさに，縁の下の力持ち。子どもたちや地域のことをしっかりと把握しているからこそ，校長の方針の下，学校が動くことができます。

　それもまた，学校の現実〔リアル〕なのです。

教頭だからこその創意工夫

　とはいえ，だからこそ教頭に多くの実務が集中してしまっているともいえます。

　すると，「教頭職は『きつい』『大変だ』」というネガティブワードが頭をかけ巡ってしまいます。

　そうなると，同じ実務をしていても負担感や疲労感が増してしまいます。

　職員室でぶつぶつと愚痴が口をついて出てしまいます。

　職員が話しかけようとすると，仏頂面で「これ以上，俺に仕事をもってくるな」というオーラを出してしまいます。

　あなたが担任だったら，そんな教頭先生や職員室は嫌ですよね。

　では，どうすればよいのでしょうか。

　「仕事に動かされる」のではなく，教頭として「仕事を動かして」いくのです。

　考えてもみてください。教頭は，学校のナンバー２です。

　やりようによっては，なくせるものはなくし，減らせるものは減らすことができます。教頭だからこそ，

　教頭自身の仕事を，創意工夫をしてやりやすいようにつくりかえることもできるはずです。

　「例年通り」「前任者と同じく」仕事を行うのではなく，教頭だからこそ，自分が仕事をしやすいようにしていくのです。

教頭職を楽しむ

　とはいえ，どんな実務があるのかを知らなければ，創意工夫のしようがありません。新任教頭はもちろん，教頭の在職中は目の前の実務をこなすのに精一杯です。

　今，この瞬間も教頭職の実務が見通せず，不安な方やあまりの激務に悩んでいる方がいます。

　真っ暗闇の道を歩いている間は，手探りでその場しのぎの毎日でしょう。

　そんなあなたに，少しでも教頭の実務の見通しをもてるようにしたり，コツやヒントを伝えたりすることが本書の目的です。

　ただし，私はスーパー教頭ではないので，本書を読むことで教頭の仕事が劇的に楽になるような「神の一手」が書いてあるわけではありません。

　また，文部科学省のホームページに書いてある流行の専門用語を並べて，「教頭とはこうあるべきだ！」という，できもしない理想像を書いたものでもありません。

　マニュアルと銘打っていますが，私自身の経験や実践も紹介しているので，ご自分の学校に合わせて活用してください。

　見通しがもてるからこそ，工夫や改善の余地が生まれます。

　「きつい」「大変」というイメージが先行している教頭職ですが，実は「おもしろい」「やりがいがある」職でもあるのです。

　本書が，「教頭職を楽しむ」ための一助となれば幸甚です。

辻川和彦

目次

教頭の雑務

3章　組織づくりの実務

あとがき

1章

新任教頭の
あなたへ

01 管理職の世界へようこそ！

新任教頭のみなさんは，教頭職という新たな職に向けて期待と不安で胸をふくらませているでしょう。
この章ではそのような方々に向けて，教頭としての心構えについて述べています。

教頭って何だ!?

新補教頭，つまり新たに教頭職に就かれるみなさん，ご昇任おめでとうございます。管理職の世界へようこそ！　教頭になる気分はいかがですか？

さて，喜んでばかりもいられません。

みなさんの中には，「教頭の職務は激務だ」「真夜中まで家に帰れない」「職員室で倒れていても誰も助けてくれない」等々，多くの噂を聞いて不安を覚えている方もいるでしょう。

そこで，まずは教頭の職務を確認してみましょう。

学校教育法第37条には，次のように示されています。

> 教頭は，校長（副校長を置く小学校にあつては，校長及び副校長）を助け，校務を整理し，及び必要に応じ児童の教育をつかさどる。

分解すると，「①校長（副校長）を助ける」「②校務を整理する」「③児童の教育をつかさどる」となり，真っ先に「校長を助ける」と書いてあります。これは「校長の職務全体」を助ける，ということです。

校長の職務とは，要するに「学校の業務に関することすべて」です。

つまり，教頭の職務の範囲も，それに準じます。

ただし，校長の意に反して，あるいは校長に無断で，勝手に方針を決めたり職員に指示を出したりすることはできません。

そう，あくまでも方針を決定するのは，校長です。

　教頭の職務はすべて校長の方針の下，あるいは校長の意を汲んで行います。

では，教頭は校長のイエスマンかというと，そうではありません。

校長の方針がおかしいと思えば，根拠を示し代案を進言すればよいのです。

そもそも，校長が正しい方針を出せるように，教頭が資料や情報を集めて報告しておいたり，方針が通りやすいように職員との調整をしておいたりすることが「校務を整理する」ということです。

その上で，どうしても意見が食い違えば，校長の方針を優先します。

あなたがやりたいことは，校長になってからやればよいのです。

名前を呼ばれない職

私が教頭1日目に感じたのは「名前を呼ばれなくなったなあ」ということです。3月31日までは「辻川先生」と呼ばれていましたが，4月1日に新任教頭として赴任した途端，「教頭先生」としか呼ばれなくなったのです。

そう，管理職である校長と教頭は，名前を呼ばれることはほぼありません。

たしかに，私自身も勤務校の教頭を「教頭先生」と呼んでいました。

でも，いざ自分がそう呼ばれると，違和感とともに一抹の寂しさを覚えるものです。連絡メモを職員の机上に置くときに，最後に「教頭」ではなく自分の名前を書くようにしているのは，せめてもの抵抗です。

さて，教頭になって変わったことがもう1つあります。

年上の職員が敬語で話してくるようになったことです。

　今まではタメ口だったり，敬語で話すにしてもざっくばらんに話しかけたりしてくれたものです。やっぱり教頭は "同僚" というよりも "上司" という立ち位置なのでしょう。
　そうです。職員が敬語で話してくれるのは，教頭という立場を立ててくれているだけのことであって，あなたが尊敬されているとは限りません。

　敬語で話されることに慣れて，えらそうにしたり職員を見下したりするような「勘違い教頭」にならないように気をつけましょう。

机上の整理整頓

　「教頭の机上は何もないようにきれいに片づけておきなさい」
　これは，ある校長からくり返し言われた言葉です。
　教頭の机上が書類などで散らかっていると，職員が起案文書を置けなかったり，置かれた文書に気づかなかったりすることがあります。
　また，「教頭先生は忙しそうだな」と職員が気をつかい，相談や気づきなど「ちょっとしたひと言」を言いそびれてしまうかもしれません。そのため重大なトラブルを未然に防ぐことができなくなる可能性もあります。「だから，教頭の机上は常に整理整頓しておかねばならない」というのです。
　なるほど，ごもっとも……と思いますが，いざ教頭になると，１つの仕事が終わらないうちに次々に仕事が舞い込みます。
　職員からの学級通信や起案文書も，見終わる前にドサドサと置かれていくので，机上を何もないようにすることはとてもできません。
　しかし，前述のような意識をもっていれば，少しでも机上に職員からの起

案文書を置くスペースを空けておこうとすることができます。

　また，キーボードを打っているとき，目の端にこちらをチラチラ見ている職員がいたら，手を止めて「どうしました？」と声をかけることができます。

> 　どんなに忙しくても，常に職員が話しかけやすい雰囲気をつくっておくようにしましょう。それが，トラブルの早期発見・早期対応につながります。

教頭の作法

　教頭になるにあたって，「絶対にしないようにしよう」と決めていたことがあります。それは，

> 「職員の悪口を言わない」ということです。

　どの学校にも，ちょっと困った職員，問題を起こしがちな職員がいます。そういう職員のことは，他校にも噂が広まっているものです。教頭同士で話をするときに，「〇〇先生はどう？」「あの先生，△△だよね〜」など話題にのぼることもあります。しかし，その職員だってがんばっているのです。人格を否定するような不満や悪口は言わないようにしたいものです。子どもにも「人の悪口を言わないようにしよう」と指導しているはずです。自分がやってはいけませんね。それに，悪口を言っていると，どこかで本人の耳に入ったり，そういう目で見られていると感じたりするものです。そうなったら，職員との人間関係を自ら壊すことになりかねません。

　教頭は，職員を指導する立場です。

　教頭の作法として，同僚であり仲間である職員を，卑下したり誹謗中傷したりしないように気をつけましょう。

02 目指す教頭像

あなたは，どんな教頭を目指していますか？
今まで出会った管理職の姿を参考に，自分なりの「目指す教頭像」を具体的に考えてみましょう。

こんな教頭はイヤだ！

「職員が声をかけても，パソコンの画面から目を離さず，職員の方を見ずに返事をする教頭」

忙しいのはわかりますが，これでは，子どもたちに「相手の目を見て話しましょう」なんて言えませんね。

「職員がミスをしたら，責めたり嫌みを言ったりする教頭」

指導ならともかく，これでは職員が孤立してしまいます。子どもがミスをしたときも同じことをするのでしょうか。

「自分のミスを認めず，職員のせいにする教頭」

もはや，職員を指導する資格はありませんね。

上記は，私が過去に経験したり他の教師たちから聞いたりした「こんな教頭はイヤだ！」と思われる事例です。

せまい私の周辺でさえこのような事例があるのですから，全国にはさらにいろいろな教頭がいるでしょうね。

さて，あなたは，どんな教頭になりたいでしょうか？

こんな教頭になりたい！

「こんな教頭はイヤだ！」という例を挙げたのは，教頭職をただおもしろおかしくイジるためではありません。

読者のみなさんに，あらためて「目指す教頭像」を考えてほしいからです。

どの学校にも，「目指す児童像」や「目指す教師像」があるはずです。でも，「目指す管理職像」というものはありません。

あなたは，どのような教頭を目指しているのでしょうか？

思い浮かばない人は，先述の「こんな教頭はイヤだ！」と思われる教頭像の"逆"を考えてみましょう。

> 「忙しくても，職員の顔（目）を見て，笑顔で返事をする教頭」
>
> 「職員のミスを責めるのではなく，ミスが出ないように声かけをしたり，一緒に対策を考えたりする教頭」
>
> 「自分のミスは素直に認め，職員に謝罪する教頭」

こんなちょっとしたことも，職員から信頼され慕われる教頭の条件の1つになるのではないでしょうか。

野口芳宏氏は「教師は子どもを変えようとはしても，自分自身を変えようとはしない」とおっしゃっています。でも，

> **自分自身を変えようとしない教頭に，職員を変えることはできません。**

教頭職はたしかに忙しいです。自分自身を振り返る暇はありません。

だからこそ，教頭になる前，あるいはまだ新鮮な気持ちで臨んでいる新任教頭の今の時期に，しっかりと「こんな教頭になりたい！」という目指す教頭像をもってほしいのです。

「校長」にとっての理想の教頭像

先に挙げた教頭像の共通点にお気づきでしょうか。

そうです，これらはすべて“一般職員にとって”の理想の教頭像です。

では，校長にとっての望ましい教頭像とはどのようなものなのか，想像したことはあるでしょうか？

教頭の職務は「校長を助ける」ことです。そうであれば，一般職員にとってどのような教頭が望ましいか，ということだけでなく，“校長にとって”どのような教頭が望ましいか，という視点を忘れてはなりません。

とはいえ，当然ながら，あなたはまだ校長になったことはないでしょうから，校長の視点で教頭像を考えるのは難しいでしょう。

そこで再び，「校長が考える『こんな教頭はイヤだ！』」を考えてみましょう。どのような教頭が，校長に嫌がられるでしょうか？

例えば……

「校長の方針を職員に納得させることができない教頭」

「校長が指示してもすぐに動かない教頭」

「校長のいないところで，職員に校長の悪口を言う教頭」

うーん，校長だけでなく，職員にとっても残念な教頭像ですね。

つまりは，その逆を考えればよいのです。（省略します）

校長に媚を売る必要はありませんが，校長に頼りにされるような教頭は，職員にとってもやはり頼りがいのある教頭になるはずです。

> 一般職員の視点だけでなく，校長の視点から見た教頭像も意識しておきましょう。

ちなみに，「子どもにとって」「保護者にとって」「地域住民にとって」の理想の教頭像を考えてみるのもよいですね。

影響を受けた管理職

　私には，教員として大きな影響を受けた管理職が２人います。

　１人は，私が教員４年目の年，新補教頭として赴任されたＭ教頭。私生活でも地域の青年部の活動に誘ってくださり，異業種の方々と共に様々な経験をすることができました。教員としてだけでなく，人としても成長させてもらえた方です。

　もう１人は，２校にわたって同じ学校に勤務したＦ校長。２人同時に赴任した学校で共に６年間を過ごし，さらに２人同時に転勤した赴任先もまた同じ学校でした。３年後に退職されましたが，同じ校長と計９年間も共にすることはなかなかないでしょう。あたたかいお人柄で，私の30代後半から40代後半までの９年間，やりたいことをほぼ自由にさせてくださいました。様々な実践や経験ができたのも，Ｆ校長のおかげです。よく２人で飲みに行き，いろいろな教育談義をしたものです。

　私が管理職になろうと思ったのは，間違いなくこの２人との出会いがあったからだといえます。わざわざ悪いイメージの教頭像を逆転させなくても，

> 　「こういう教頭になりたい」「こういう校長になりたい」と思える管理職がいれば，それがあなたにとって理想の管理職像なのです。

　そのような出会いがあることは，とても幸せなことです。

　私は，先述のおふたりから「辻川教頭，ちゃんとやってるか～？」とあたたかく見守っていただいている気がするので（亡くなっているわけではありません。念のため），毎日がんばることができています。

　そのような存在がいれば，手抜きなどできません。

　我々自身も，職員に「こういう管理職になりたい」「こんな管理職なら，目指してみよう」と思ってもらえる教頭になりたいものですね。

03 教頭の責任

教頭になると，一般職員と違って責任も大きくなったことを実感することでしょう。
でも，教頭としての「責任がある」とは，どのようなことなのでしょうか？

校長の代理は突然に

　１学期の終業式の３日前，突然，校長から電話がありました。
「新型コロナウイルス感染症の濃厚接触者になってしまった。終業式まで出勤できない。あとは頼む」
「えーっ‼」
　学校教育法第37条第８項には，次のように示されています。

　教頭は，校長（及び副校長）に事故があるときは校長の職務を代理し，校長（及び副校長）が欠けたときは校長の職務を行う。（一部略）

「校長の代理」……こればかりは，他の職員にさせることはできません。
　管理職として，学校のナンバー２として，教頭が責任をもって行うことになります。私の場合，校長代理として終業式で話をしたり，一部の通知表に校長印を押印したりすることくらいですみました（業務によっては教頭ではできないものもあります）。コロナ禍では全国の学校で，このような"校長の代理"になった教頭も多かったのではないでしょうか。

教頭は，校長に次ぐ責任者

「俺が責任をとるから，好きなようにやってみろ！」

管理職なら，一度は言ってみたいかっこいいセリフです。

しかし，もし担任から「○○をやってみたいのですが」と相談されても，教頭の立場ではこのセリフを言うことはできません。

学校の最高責任者は，校長なのですから。

学校に関する様々な権限がある一方，校長には大きな責任も生じます。

保護者への説明責任を果たしたり，職員に不祥事があったときには処分されたりすることもあるのです。

教頭は，校長が責任をとるような事態を未然に防がなければならないので，どうしても無難な選択をせざるを得ません。

「○○先生がこうしたいと言っています。安全には十分気をつけるそうなので，やらせてみてはいかがでしょうか」と進言することはできます。

ただし，最初に教頭が「いいね〜，おもしろそう。一応，校長先生に聞いておくね」と言って許可が下りなければ，校長が悪者になってしまいます。

担任から打診があったときには，教頭は渋い顔で「うーむ，それは難しいかもしれないね」と難色を示しておきましょう。

許可が下りたときに，「さすが校長先生，話がわかる！　教頭は頭が固いな〜」と思われるぐらいでよいのです。

もっとも，校長不在時に緊急を要する事案が発生する場合もあります。

例えば，急な天候悪化の際の集団下校・引き渡しや，急病人が出たときに救急車を呼ぶ判断を迫られることもあり得ます。すぐに校長と連絡がとれればよいのですが，とれないときには教頭が決断しなければなりません。

教頭は，校長に次ぐ責任者という自覚を常にもっておきましょう。

管理職としての覚悟

　2021年の夏，某小学校で，プールの水を１週間止め忘れ，水道料金が高額になってしまったという報道がありました。

　例年と比べると250万円ほど多く費用がかかったそうです。

　市は「市民の財産に大きな影響を与えた」として，水道を止め忘れた職員に加えて校長・教頭の３人に対し，ほぼ半額の約132万円を請求しました。

　内訳は，水道を止め忘れた職員が請求額の50％にあたる約66万円。

　校長・教頭が，それぞれ25％にあたる約33万円です。

　この事例，読者のみなさんはどう考えますか？

　当時も賛否両論あり，「個人に負担させるのはおかしい」という意見も多かったと記憶しています。

　しかし，「校長・教頭も費用を負担するのはおかしい」という意見は（私が知っている範囲では）まったくありませんでした。

　世間では，学校で起こった問題に対して，管理職である校長・教頭がその責任を問われるのは当然ということなのでしょう。

　このような形で，教頭の責任が問われることもあるのです。

　水道料金の費用負担の割合はあくまでも一例ですが，少なくとも，

　管理職は，学校で起こったことへの責任があるのはもちろん，一般職員よりもその責任が大きいことは覚悟しておきましょう。

責任ある立場だからこそ

　では，最高責任者ではない教頭にとって「責任がある」とは，どういうことなのでしょうか？　不祥事が起こったときに，被害を弁償することなので

しょうか？　そうではありません。「責任がある」ということは，「そのような不祥事が起こらないようにする責任がある」ということなのです。

> そのためには，１にも２にも，"確認"です。

　プールの例でいえば，最悪の場合を想定し，「水をちゃんと止めたのか」という確認をしなければならないのです。担当職員に「水，止めた？」と声をかけるだけでもよいのですが，できれば自分の目で確認します。

　職員の仕事をすべて教頭自身の目で確認するのは無理かもしれませんが，そのときは確認できるシステムに変えることもできます。

　プールの問題が起こった学校を管理する市教委は，「今後，給水の開始時や止水時の記録を徹底するよう市内の公立学校に求める」とコメントしましたが，他の学校でも校内でそのような記録をとればよいのです。

　他にも，日々の確認事項はたくさんあります。

　「○○さんは３日続けて休んでいるけど，保護者に確認の電話入れた？」

　「運動場で子どもが遊んでいて怪我をしたそうだけど，現場を見たいから場所を教えて」

など，とにかく職員に声をかけたり実際に現場を見たりして確認します。

　「確認しないで，後日大変な問題に発展したときに対処する」よりも「ひと手間かけて確認する」方が，はるかに楽なのです。

> 　責任ある立場だからこそ，やらせっぱなしではなく，「ひと声かける」「実際に現場を見る」などの確認力が大切なのです。

　ちなみに，「これ，やったの？　え，まだ？　……ハァー（ため息）」などという上から目線での確認の仕方は厳禁です！

　たとえなかなかやってくれない職員だとしても「笑顔で・機嫌よく・粘り強く」声かけをしましょう。

04 教頭と教育委員会

教頭になると，教育委員会が一気に身近になります。
調査依頼をされることも多いですが，学校や子どものために
人知れず尽力してもらっているありがたい存在なのです。

学校と教育委員会

　教頭は，教育委員会との窓口です。

　ひと口に「教育委員会」といっても，都道府県の本庁（教育庁）や市町村の教育委員会（地教委）があります。

　また，教育長＋４〜５名の教育委員を指す場合と，事務局まで含めて指す場合があります。その中で教頭と接点が深いのは，地教委の事務局です。

　それまではほとんど接点がなかったのに，教頭になった途端に頻繁に電話やメールでやりとりをするようになります。

　そのやりとりは，主に次のようなものになります。

【教育委員会→学校】
通知・通達・事務連絡・周知等の文書，文部科学省・県教委・各団体からの調査依頼，各種研修会案内など
【学校→教育委員会】
在籍数や超勤の報告，行事の実施届，調査回答，研修会参加申込みなど

教頭1年目は、やりとりする文書の多さに圧倒されます。

「次から次に通知がくるけど、読む暇なんてない！」

「実施届って、どんな行事のときに出すの？」

調査の要領がわからないときに頼りになるのは、同じ地区内の教頭仲間です。声をかけやすい先輩教頭に電話やメールをして尋ねましょう。

教育委員会からの調査依頼・通知

「各種調査依頼等への対応」

これが、副校長・教頭がもっとも「主に時間と労力を費やしている職務」と感じていることです（「全国公立学校教頭会の調査—令和3年度—」より）。調査依頼への対応に、多くの教頭が負担や疲労を感じていることがわかります。

そして、そのほとんどは、地教委を通して依頼されます。

出張で1日学校を空けると、翌日メールを見るのが怖くなります。

教育委員会だってそれが仕事なのですから、意地悪で大量に送付しているわけではないのはわかっているのですが……やはりコツをつかんでいない1年目の教頭には負担なのです。（どう対応すればよいのかについては、34〜37ページ「調査・報告」をご覧ください）

また、調査依頼だけでなく、様々な通知も送付されます。通知とは、「一定の事実、決定事項、意志などを特定の相手方に伝える文書」です。

特にコロナ禍になって以降は、新型コロナウイルス感染症に関する通知が、国や県の対応が変わるたびに次々と出されました。

ときには何十ページもの通知文書があるので、読むだけでも大変です。

教頭が読むだけでなく、それを職員に周知しなければなりません。

事務職員が印刷して職員に回覧するのですが、あまり目を通さずに次に回

している職員もいるのではないでしょうか。実際，担任がすべてに目を通す
暇は，ほぼありません。重要箇所に蛍光ペンでラインを引いて見やすくした
り，会議のときに読み上げたりして，確実に周知するようにしましょう。

教育委員会はありがたい存在

冒頭で「接点がなかった」と書きましたが，担任は気づきにくいだけで，
実際には学校と教育委員会は接点だらけです。

「教師は授業で勝負」という言葉がありますが，その授業が成立するため
に必要な様々なことで，教育委員会には大変お世話になっているのです。

教育委員会は，その所管に属する学校を管理します（地方教育行政の組織
及び運営に関する法律第21条第1号）。学校が教育委員会から様々な報告を
求められるのは，そのためです。

内容によって主に次のように分けられます。

人的管理	教職員の任免，分限，懲戒，服務等の教職員に対する管理。 （任免その他の進退は，都道府県教委が行う。服務の監督は地教委が行う）
物的管理	校舎・教具等の維持・保全等，施設・設備に関する管理。
運営管理	学校の教育活動に関する管理。 ①教育課程の承認，教材・教具の使用の承認等，教職員の活動に関する管理 ②学則の制定，授業日・休業日の決定，入学許可・懲戒等児童生徒に関する管理 ③健康診断等教職員及び児童生徒の保健・安全・厚生・福利・学校給食に関する管理

これらの膨大な内容をチェックしたり管理したりする教育委員会の事務局
や指導主事のみなさんには，頭が下がります。

また，教育委員会は学校に依頼するばかりではありません。

学校が要求する次年度の予算を市議会や町議会にかけて獲得してくれたり，

教育にかかわる議員の質疑に対して学校の取り組みをアピールしてくれたりしているのです。そういう「議会とのやりとり」の苦労を，学校の職員はほとんど知りません。

> 教育委員会は，子どもや学校のために人知れず尽力している，ありがたい存在なのです。

そうやって獲得された予算で校舎の工事をしたり備品を購入したりしているのですから，大切に扱うように職員にも子どもにも訴えていきましょう。

学校と教育委員会のコミュニケーション

担任や学校に対して，不満が大きかったり納得できなかったりした場合には，保護者が教育委員会に訴えることがあります。

保護者に「教育委員会に行きます！」と言われたり，そうでなくても感情的になっていたりする場合には，教育委員会に一報を入れておきましょう。

言い訳をするということではなく，前後の事情を知っていた方が，苦情があったときに教育委員会も保護者に適切な助言をすることができます。

中には，いきなり教育委員会へ電話をする保護者もいます。

「○○先生についてこういう訴えが届いているのですが，くわしく教えてもらえますか」

教育委員会から突然このような電話があっても，慌てることなく，事実をありのまま話せばよいのです。教育委員会は，敵ではありません。正しく情報を伝えることで，よりよい打開策を指導助言していただくこともあります。

> 普段から，学校と教育委員会がコミュニケーションをとれていることが，いざというときの迅速・適切な対応につながるのです。

05 これが1年間の実務だ！

教頭1年目は，目の前の実務をこなすだけで精一杯です。
しかし，見通しがもてればはやめにとりかかることができます。
1年間の実務を把握して，仕事の質を高めましょう！

見通し，もてていますか？

　初めて教頭になったとき一番不安だったことは，いつ，どんなことをすればよいのかわからなかったことです。つまり，見通しがもてなかったのです。

　担任のときにも，教頭の姿は見ていたはずです。職員室の教頭席で，パソコンをしたり電話の対応をしたり……。

　しかし，そのような姿を見るだけでは，実際の教頭の仕事がわかるはずがありません。最初の1年は，先の見通しがないまま，目の前に突然出てきた仕事を一つひとつこなすことで精一杯です。

　このように「仕事に追われて」いては，多忙感や負担感が増すばかりです。

　次ページから，大まかではありますが，1年間の主な実務を紹介します。

　教頭の実務には，職員が提出してくれないととりかかれないものもありますが，自分で進められるものもあります。

　仕事に追われるのではなく，仕事を追いかけ，はやめはやめにとりかかるようにしていきましょう。

実施時期が決まっている実務

月	主な学校行事	主な実務
4月	・着任式 ・始業式 ・入学式 ・PTA 総会 ・授業参観	・転入職員のお知らせ作成（保護者向け・地域向け） ・校務分掌一覧表作成 ・入学式要覧作成　・入学式来賓御礼 ・儀式行事の開式，閉式の言葉 ・PTA 総会資料作成　・PTA 総会進行 ・学校運営協議会の委員推薦 ・教育会関係
5月	・避難訓練	・教育会教科，領域部会一覧表作成 ・PTA 専門部調整 ・第 1 回学校運営協議会準備，当日の運営
6月	・宿泊体験学習 ・授業参観	・勤務の割振り（宿泊体験学習） ・宿泊体験学習引率 ・消防立入検査対応
7月	・終業式	・1 学期の反省　・通知表決済 ・動静表，職員動静一覧表作成（夏季） ・終業式の開式，閉式の言葉
8月	・平和集会	・台風対応 ・第 2 回学校運営協議会準備，当日の運営
9月	・始業式 ・授業参観	・始業式の開式，閉式の言葉
10月	・運動会	・運動会来賓案内，御礼 ・運動会実施届
11月	・修学旅行 ・避難訓練	・勤務の割振り（修学旅行）

12月	・終業式	・2学期の反省　・通知表決済
		・動静表，職員動静一覧表作成（冬季）
		・終業式の開式，閉式の言葉
1月	・始業式	・始業式の開式，閉式の言葉
	・避難訓練	
2月	・新入学児童	・第3回学校運営協議会準備，当日の運営
	保護者説明会	・学校評価　・卒業式来賓案内
3月	・卒業式	・3学期の反省　・通知表，指導要録決済
	・修了式	・卒業式要覧作成　・卒業式来賓御礼
	・離任式	・儀式行事（卒業式，修了式，離任式）の開式，閉式の言葉
		・卒業生報告（地教委）
		・教育会部会の報告書作成
		・動静表，職員動静一覧表作成（年度末）
		・転出職員のお知らせ作成
		・コミュニティスクールの反省，まとめ
		・入学式来賓案内
		※（異動する場合）引継文書作成
毎日	・湯沸かし　・校内巡視　・朝の開錠　・帰りの施錠　・電話対応	
毎月	【報告】・在籍数　・超勤者　・不登校	
	【会議】・職員会議の司会　・定例教頭研修会　・PTA本部役員会	

　ここに紹介したものは主に校内に関する実務であり，校外（地域行事など）や地教委からの調査・報告にかかわる実務は入っていません。

　また，学校や地域によっては行っていないものや，教務主任が担当しているものもあるでしょう。それでも，これから教頭になるという方にとっては，大まかな見通しがつくと思います。

不定期に（随時）行う実務

随時	【校内関係】
	・提案文書，学級通信決済
	・授業観察
	・新型コロナウイルス感染症にかかわる周知文書作成や行事変更等への対応
	・依頼文書の担当への割振り　他
	【地教委関係】
	・教育委員会からの調査，報告依頼への対応
	・議員質疑への調査対応
	・市報（町報）の学校担当コーナーの執筆または割振り　他
	【危機管理関係】
	・自然災害対応　・交通事故対応　・不審者対応
	・食物アレルギー対応　・いじめ対応　・万引き対応　他
	【教育会関係】
	・教育会関係の部会関係（案内作成，部会運営，報告等）　他
	【PTA関係】
	・一斉メール　・保護者宛文書作成　・教材費，PTA会費の督促
	【渉外関係】
	・特別支援学校，児童相談所，SC，SV，SSW，民生委員，学童との連絡調整
	・新聞社，地元ケーブルテレビ取材対応　他
	【その他】
	・訃報作成，発送
	・夏の除草作業，降雪時の除雪作業
	・来客への対応
	・保護者，地域住民，職員の苦情対応
	・虫（ハチ，ムカデ等），動物（イヌ，ネコ等）への対応
	・休日の飼育動物（ウサギ等）の餌やり
	・教室に入れない子，暴れる子への対応　他

ご覧のとおり，教頭の実務には定期的（実施時期がほぼ決まっている）な実務だけでなく，「随時」──つまり，いつ仕事が飛び込んでくるかわからないものも多いのです。

　例えば，
・突然，子どもが暴れ出す
・突然，市（町）議会議員からの質疑に答えるための調査を依頼される
・突然，保護者から「子どもが帰ってこないんですけど」と電話がくる
・突然，「学校に爆弾をしかけた」というメールが届く

　「こんなに突発的なことが起こったら，仕事ができないじゃないか！」と思いますよね。でも，教頭の実務は基本的に，

> 　突発的に発生する実務の合間を縫って，定期的な実務を進めていくのです。

　だからこそ，実施時期やしめ切りがわかっているものははやめに進めておいて，突発的な事態に備えておきましょう。「こんなにたくさんの仕事をしなければならないなんて，教頭職はなんてきつい仕事なんだ」とも思われるかもしれません。しかし，ものは考えようです。

> 　こんなにバラエティに富んだことができるなんて，教頭職はなんておもしろいんだ！

　このような考え方ができるようになると，教頭職を楽しむことができるでしょう。（「できるか！　そんな考え方」と全国の教頭先生方からお叱りを受けそうですが……）

　2章以降では，教頭の実務の一つひとつについて，私の実体験を踏まえながらポイントや注意点を述べていきます。

　ご自分の学校で使えそうなヒントがあれば，どうぞご活用ください。

2章

日常的な実務

01 調査・報告

無限ループ!?　調査・報告文書作成のコツ

教頭といえば，事務仕事が多いというイメージがあります。たしかにそのとおりですが，コツをつかめば恐れることはありません！
ここでは，調査・報告文書作成のコツを述べます。

「教頭の事務仕事」の半分は…

「○○の調査，しめ切りを過ぎているので至急提出してください」
と，教育委員会の事務局から催促の電話やメールを受けた経験は，教頭なら一度や二度は……いや，何度もあるでしょう。

多くの教員にとって，教頭は「大量の事務仕事をしなければならない」というイメージがあります。そして，それは正しいのです。

教頭になった途端，1年中，事務仕事に追われることになります。

まさに無限ループの教頭の事務仕事には，主に次のようなものがあります。

①文部科学省や都道府県・市町村教育委員会から依頼される調査・報告
②校内の起案文書や学級通信等，校内文書のチェック・決済
③出張関係，休暇関係の文書の処理
④学校行事に係わる来賓への案内状・御礼状の作成・発送
⑤PTAに関係する文書
⑥外部団体に係わる文書・訃報・その他

「主に」といいながら，こうして見るとたくさんありますね。

これらを，「次々に」ではなく「同時進行で」処理していかなければなりません。一つひとつにじっくりと取り組む時間も余裕もないのです。

そうすると，「いつのまにか，しめ切りを過ぎてしまっていた」という事態となり，冒頭のように催促の電話やメールを受けることになるのです。

そうならないためには，どうすればよいのでしょうか？

ドイツには，このようなことわざがあります。

人生の半分は，整理整頓。

何をするにしても，乱雑なやり方では効率的に取り組むことはできません。それは教頭の事務仕事も同じです。

だから，ドイツのことわざになぞらえて，次のようなことがいえるのです。

教頭の事務仕事も，その半分は整理整頓。

ここでは調査・報告のコツを示しますが，キーワードは「整理整頓」です。

調査・報告文書作成のコツ

①年間の主要な調査の見通しをもつ

まずは，「いつ」「どんな」調査があるのか，見通しをもつことです。

依頼される調査は，毎年，時期も内容もほぼ同じです。多少，書式が前年度と違うこともありますが，大きくは変わりません。そこで，

「いつ頃」「どんな」調査があるのか，主要なものだけでもリストをつくっておきます。

「そろそろ，あの調査があるだろう」と予想できれば，はやめにとりかかったり，あらかじめデータをまとめたりしておくことができます。

②フォルダとファイルの整理整頓

　実は，調査・報告文書作成の最大のコツは，

> 前年度の報告文書を参考にすることです。

　ところが，前年度のデータや紙媒体が見つからないことがあります。
　教頭が作成する文書はデータファイルとしてパソコンの中に保存されているはずですが，フォルダの整理の仕方は教頭によって違います。
　新任教頭や転勤した教頭は，

> まずはフォルダの中身を，自分が使いやすいように整理整頓します。

　同時に，報告した文書はプリントアウトしてファイルに綴じておきます。前年度の報告を参考にすることで，手間を省くことができるからです。
　昨年度に作成した書類を整理整頓しておけば，サッと出して活用することができ，手間が省けます。
　「参考にするだけならデータファイルでもいいじゃないか」と思われるかもしれませんが，私はそれにちょっとした補足などのメモを書き入れています。そのメモが，次年度に役立つのです。
　なお，過去の紙媒体のファイルは，３年以上前のものは処分します。

③しめ切りを管理する

　調査・報告文書には，当然ながらしめ切りがあります。
　しめ切りまでの期間が数か月と余裕があるものもあれば，数日で作成しなければならないものもあります。

依頼される調査の順番としめ切りの順番は同じではないのです。

しめ切りを忘れたり間違えたりしないように，調査依頼が届いたら，

> **すぐに，スケジュール帳に調査名としめ切り日を書くようにしましょう。**

スケジュール帳に予定やその日の出来事などを記入する際にしめ切り日が目に入るようにすることで，提出忘れを防ぎます。もちろん，大事なものは赤ペンや青ペンで書くなどして，目立つようにします。

④担当に振る

教頭1年目は，大量の調査依頼メールに腰が抜けるほど驚きましたが，「すべてを教頭が行うわけではない」とわかると気が楽になりました。

事務関係は事務職員，保健関係は養護教諭，体育関係は体育主任など，担当に振り分ければよいのです。

宿泊体験学習や修学旅行の承認願・実施届等も，担任学年に作成してもらいます。前年度のファイルの期日や引率職員，行き先や日程等を修正すればよいのです。すべてを教頭が行うのではなく，

> **調査・報告文書を各担当に振り分けるのが教頭の仕事なのです。**

忘れてはいけないのは，やはりしめ切り日です。

依頼する職員にしめ切り日を伝えておくとともに，2～3日前の声かけも必ずするようにします。

職員だって毎日のように様々な仕事をこなしているので，忘れることもある……いや，忘れているのが当然と捉えておきましょう。

なお，担当に伝えるしめ切り日は，教育委員会へ報告するしめ切り日の数日前に設定しておきます。

教頭・校長がチェックし，修正する余裕が必要だからです。

学級通信

担任の思いが伝わる学級通信にする

保護者にとって，我が子の様子や担任の思いを知ることができる学級通信。
担任の思いを汲みながらも，保護者にいらない不安や不信を与えないようにしっかりチェックしましょう。

教師の文章はクセが強い！

　月曜日や月初の朝，保護者からの欠席連絡の電話を受けている間に，目の前に学級通信がドサドサと置かれていきます。

　「今日，出したいので，（急ぎで）お願いします」

　それがあちこちの学年・学級から，次から次に積み上げられていくのです。

　1枚ならともかく，今日出す学級通信をこんなに……昨日のうちに出してよ〜！　などといった心の声は置いておいて，笑顔で受け答えをしましょう。

　「おつかれさまです。了解で〜す！」

　学級通信については，私も担任時代，できるだけ前日に出そうと思いつつ，やはり当日の朝になることもありました。自分ができなかったことを，教頭になった途端に人に求めてはいけませんね。担任の先生たちは，多忙です。そのような中，子どもたちや保護者に向けて学級通信を書いてくれるだけでもありがたいのです。

　しかし，このような，保護者（外部）に出す文書に誤字脱字や不適切な表現があると，

　「先生，こんな簡単な字を間違えてるの？」

「この表現は差別だ！」

などと槍玉に挙げられ，保護者からの信頼を失いかねません。

そのようなことのないように，外部へ出す文書は管理職がチェックをした上で決済します。

担任が書いて外部へ出す主な文書には，次のものがあります。

学級通信・通知表

学級通信や通知表は，教師の思いが詰まっていることもあるだけに，教師の思いとともに書き癖が表れます。それも，「癖がある」というよりも，「クセが強い！」と言いたくなるようなものが多いのです。

┃ 役割分担でチェックミスを減らす

学級通信のチェックは，ポイントを絞って行います。

特に，次のようなところに注目します。

- ・誤字脱字，漢字の変換ミス，表記のゆれ，句点のつけ忘れなど
- ・数字（号数・日付・金額など）
- ・子どもの名前
- ・わかりづらい表現（一文が長い，回りくどい表現など）
- ・不適切な表現（差別的，個人情報など）

これらのことをチェックするには，丹念に読まないといけないと思われがちですが，慣れてくると案外サーッと読みながら確認することができます。

とはいえ，チェックを雑に行うというわけではありません。

行事の日付などは，いちいち月行事予定表などを取り出して確認しないといけないので時間がかかりそうですが，私の学校では，

「行事関係のチェックは教務主任」「文章のチェックは教頭」と役割分担しています。

役割分担することで，1人の担当を減らせばミスをすることも少なくなります。

冷静に文章を吟味する

下記は，始業式の翌日ある6年生担任が教頭に出した学級通信の一節です。

昨日，着任式で初めて大島小学校6年生と出会いました。その後，始業式で子どもたちが校歌を歌ってくれました。しかし6年生の歌は私のところまで聞こえませんでした。率直に言って，元気がない！　今回は，始業式の後の授業の様子をお伝えします。……
大島村立大島小学校6年1組学級通信「スパイス」No.2より

おいおい，いきなりネガティブな書き出し⁉

この後，A4用紙4枚にわたって，始業式後に6年生へ語った"説教"の様子が延々と綴られます。

あなたが教頭をしている学校で，始業式の翌日に6年生担任がこんな学級通信を出そうとしていたら，どう指導しますか……？

実はこれ，私が書いた学級通信です。

転勤したばかり，飛び込みで担任することになった6年生の始業式の姿を見て，思いあまって書き綴ったのでした。

当時35歳，血気盛んな年頃だったんだな～と，読み返しながら思います。

私の学級通信を紹介した後でこのようなことをいうのも変な話ですが，学

級通信にはあまりネガティブな内容は書かない方がよいのです。

　しかし，その後の改善につなげたいという意図のもと，叱咤激励のために
あえてネガティブな現状を伝える場合もあります。

　このような「担任の思いを伝える」タイプの学級通信は，気をつけておか
ないと，担任の思いが強すぎるあまり，意図せず保護者の反感を買ったり，
神経を逆なでしたりするような表現になっていることがあります。

　担任の思いが伝わりやすいように，管理職として冷静に文章を吟味します。

> 　礼を失したり，過度に感情的な表現になっていたりするところは，担
> 任の思いを生かしながらもやわらかい表現になるように修正を指示しま
> しょう。

クセが強い文章を個性的な文章に

　「教師の文章はクセが強い」といいましたが，なにもクセをなくせといい
たいわけではありません。

　わかりにくかったり，不適切な表現だったりすることがよくないのです。

> 　クセが強い文章も，わかりやすく，表現が適切であれば，心のこもっ
> た個性的な文章になります。

　個性的な文章で綴られた学級通信は，子どもや保護者の記憶に残るものに
なるでしょう。教頭として，その手伝いができればと思います。

　ところで，私の学級通信は……管理職からは何の修正の指示もなく決済が
おりました。私の気持ちをわかってくれたのか，不甲斐ない6年生に対して
同じ思いだったのか，とにかく感謝しています。

教頭の事務

03 通知表

通知表のチェックと“所見観”

通知表は個人情報のかたまりです。所見のチェックだけでなく，その管理も大切になります。
そして，そもそも所見とは何を書くのか？
教頭自身の所見観をもっておきましょう。

評価であり個人情報でもある通知表

最近は，通知表の所見の記入が毎学期ではなく，年に１〜２回になった学校もあります。それでも，やはり所見は担任にとって大きな存在です。

教頭には，学級通信と同じく，所見の誤字脱字や不適切な表現をチェックし，代案を示すという大切な実務があります。

学級通信の項でもチェックポイントを示しましたが，通知表の所見は学級通信以上に慎重にチェックします。

なぜなら，通知表は学級通信とは次の点で違うからです。

・同じ文面を全員に配付する学級通信と違って，通知表は子ども一人ひとりへの評価であること
・成績も記入されている通知表は，個人情報であること

子どもも保護者も，学級通信以上に真剣に目を通すでしょう。

所見のちょっとしたひと言に一喜一憂する子どもや保護者のことを考えると，書く側もチェックする側も，真剣に取り組みたいものです。

修正は最小限に

自分以外の担任が書いた通知表の所見を読んだことはありますか？

あえて見せ合うことがなければ，通常はほとんどありませんよね。

しかし，教頭になったとたん，すべての担任の所見を読むことになります。

読んでみると，「なるほど，こういう表現があるのか」と勉強になるものもあれば，正直，「おいおい～，これ，読み返していないんじゃないの？」としか思えない文章もあります。

修正はないに越したことはないのですが，間違いや意味が通りにくい表現に対しては，「これは，何を言いたいのかな？」と推察した上で，代案を示していきます。

とはいえ，あまりにも詳細にチェックして一つひとつ修正や代案を入れていると，時間的にも精神的にも厳しいものがあります。その間，教頭の他の業務がなくなるわけではないのですから。

また，修正しすぎてもとの文章の名残がまったくなくなってしまうと，せっかく書いた担任も不満をもちます。

> 担任の思いや表現をできるだけ生かしつつ，保護者が違和感なく読めるように最小限の修正にとどめましょう。

特に，初任者や若手職員は，まだまだ所見独特の書き方に慣れていなかったり，保護者への配慮が不足していたりすることがあります。

ネガティブなことやデリケートなことがストレートに書いてあり驚くこともありました。そういうときは，やわらかい言い回しを教えましょう。

学期末になると，所見文例を特集した教育雑誌やその関連本などが発売されます。若手職員には，そういう文例から上手な表現や言い回しを学んだりヒントを得たりしてもらうのもよいかもしれません。

そもそも，所見とは？

　担任が書いた所見を読んでいると，つくづく，

所見とは何か？

を考えさせられます。

　「これは，所見なのか？」

　「連絡帳で伝えればよい話なのではないか？」

といった所見も見られるからです。

　考えてみると，あらためて「所見とは」という話を管理職から聞いたり，校内研修で扱ったりしたことはありません。教頭なら，あらためて自分自身の「通知表の所見」観を確認しておきましょう。

　私の考えでは，所見とは，担任から保護者への単なる連絡ではありません。

通知表の所見とは，その学期の子どもに対する，担任の"評価"です。

ですから，所見の文章は，

---

①学習面・生活面の顕著な活動＋価値づけ

②教師の指導・支援を踏まえて変容したこと

といったことを組み合わせたものが基本になります。

　ただ，いくら管理職がそう考えていたとしても，それが職員に伝わっていなかったら所見は変わりません。

　担任時代には，

　「それなら，書く前に言ってくれればいいのに！」

「一覧表にまとめてくれたら，管理職だってチェックの手間が省けるのに」などと思うこともありました。

　そこで，自分が教頭になった1年目の3学期，校長の許可をとった上で実践することにしました。

　それまでの，学級通信や2学期までの所見でチェックした「間違った表記」や「あいまいな表記」を記録しておき，担任が所見を書く前に，

　「多かった間違い・表現」と「望ましい表記の仕方」の一覧表を配付したのです。

　これは，担任の先生方に喜ばれました。

　管理職にとってもチェック箇所が減るので，お互いに win-win です。

　もしかしたら，すでにそのようにしている管理職も多いのかもしれませんが，まだの方はぜひやってみることをおすすめします。

校長との連携

　私が初任のときの校長は，国語が専門でした。

　そのためか，それとも私の文章がよほどひどかったためか（おそらく後者でしょう），初任の年に私が書いた所見の下書きには，びっしりと朱書きによる訂正が入れられていました。しかし，おかげで保護者に見せる段階ではまともな文章になっていたと思います。

　国語が専門でなくても，校長それぞれに，「この表現はよくない」「こっちの表現の方がよい」という文章表現へのこだわりがあるものです。

　校長がチェックしたものを担任に返す前に，チラッとのぞいてみましょう。

　自分がスルーしたのに校長がチェックを入れている箇所があれば，メモしておくのです。そうしておけば，次のチェックの際には，教頭が修正の指示を入れておくことができます。

できるだけ教頭の段階でチェックしておき，校長がチェックする箇所が少なくなるようにしておきましょう。

　もっとも，校長によっては「教頭先生がチェックしたんだよね？　じゃあ，大丈夫だね」と，ろくに見ようともせず……もとい，教頭を信頼して，そのまま決済をする校長も（たまに）いますけれど……。

成績は個人情報，扱いは慎重に

　子どもの名前や成績は個人情報です。絶対に外部に漏洩させてはいけません。しかし，そのことを意識していない職員が多いのです。

　学期末や学年末になると，「子どもの名前や成績が入ったUSBを担任が紛失」などといったニュースをよく耳にします。

　この問題は，

①勤務時間内に成績処理が終わらない
②物理的にUSBを持ち帰らないと仕事ができないシステムになっている

という2つの問題があります。

　①の方は，成績処理の時期には1〜2週間，子どもをはやめに下校させ，学級事務の時間を確保することでかなり改善できます。

　②に関してですが，いまだに個人のUSBを職場のパソコンで使用できるのは，学校くらいではないでしょうか。しかし，そのような学校・地域も今ではかなり少なく，個人のUSBは使えないシステムになっている地域の方が多いはずです。

　これは，自宅からパソコンで校務サーバーにアクセスするシステムにすれ

ば，USBなどの持ち帰り自体が不要になり，解決できます。もっとも，そういうシステムにできるかどうかは，地教委の課題といえます。

あなたの学校がまだ個人のUSBを使っている学校であれば，成績処理が始まる前には必ず，

「個人情報が入ったUSBの持ち帰りは禁止であること」

「必要があって持ち帰る際には，管理職から持ち帰りの許可を得た上でUSBに必ずパスワードをかけること」

を職員に周知しておきましょう。

USBの持ち帰りだけではありません。

採点したテストや成績一覧表を職員室や教室の机上に広げたまま，席を立ってトイレなどに行くケースも見られます。もし，保護者や業者などが入ってきたら目に入ってしまうし，彼らがそれをのぞき見しなくても，「この学校は個人情報の管理がゆるい学校だ」と判断されてしまいます。

そのようなことがないように，子どもの成績は個人情報であること，扱いは慎重にすることなどを周知した上で，

「子どもの成績に関するものを広げたまま，席を立たない」

「成績処理期間は子どもや保護者・業者の職員室への入室を禁じる」

ことを職員へ指導するなどして，事前に手を打っておきましょう。

子どもの成績に関する個人情報の管理は担任の責任ですが，担任にその重要性に気づかせるのは管理職の責任なのです。

「よーし，職員を指導しておこう」と思っているあなた！

教頭も同じですよ。担任から預かった成績一覧表や所見の下書きを机上に広げたまま，席を立っていませんか？　教頭は，担任から子どものことで急にSOSがあったり，突然の来客があったりするので，うっかり席を離れがちです。そう，意外にも，教頭自身の机上が盲点なのです。要注意！

教頭の事務

04 出張・休暇の管理

休暇をとることも教頭の仕事の1つ

職員の出張・外勤や休暇は，年間を通して日常的にあります。どの職員がどんな出張や休暇で不在になるのか，教頭が把握していないことのないよう，しっかり管理しましょう。

職員の出張・外勤を管理する

　教頭1年目の，ある日のことでした。

　突然鳴り出した電話をとると，県教育センターの指導主事からでした。

　「□月△日の研修会に参加された○○先生の事後レポートが，まだ提出されていないのですが……」

　なぬ⁉　事後レポート？　まだも何も，そんなレポートあったっけ？

　急いで要項を見ると，たしかに「事後レポート　提出日　□月▽日」と書いてあるではありませんか！　先方に謝って，すぐに○○先生に伝えてレポート作成にとりかかってもらいました。

　その出来事のおかげで，職員の出張・外勤について，きちんと管理しておくことの大切さを学びました。職員が参加する出張・外勤の「いつ・どこで・何があるのか」を把握しておくのはもちろんですが，

　「事前・事後レポートの有無とそのしめ切り日」も自分のスケジュール帳にメモして，数日前には声かけをするようにしています。

また，携行物の忘れ物もけっこうあります。

ちょっとアヤしいな～と思う職員には，念のために声をかけます。

「○○先生，明後日の研修に持っていく資料，準備してる？」

「え？　あ……何を持って行くんでしたっけ？」

やはりかー！　当日や前日になって慌てて準備すると間違えたり忘れたりしてしまうこともあるので，やはりはやめに声をかけておくとよいですね。

さて，冒頭の職員の事後レポートですが，急いで作成してもらったものを送付し，事なきを得ました。やれやれ，気をつけないといけないな……と思っていたら，数日後，また電話がかかってきたのです。

「教頭先生，『新任教頭研』の事後レポートが出ていないのですが……」

他の職員のことばかりでなく，自分のレポートも忘れてはいけませんね。

数年後を見越した組織づくり

学校によって，例えば国語や算数などの特定の教科指導に秀でていたり，ICT や特別支援教育など特定の分野を熱心に勉強していたりするなど，「この分野なら○○先生に任せれば大丈夫」という職員がいます。

そういう職員がいる間はよいのですが，いずれは転勤してしまいます。

秀でていればいるほど，その職員が抜けた穴は大きくなります。そうならないように，「次に任せられる職員」を育てておかねばなりません。

若手職員や赴任したばかりの職員の，本人の希望や興味・関心を聞き出し，校長に「○○先生は道徳教育に関心があるそうです。△△先生の後を任せられるように，来月の研修会に参加してもらってはどうでしょう？」と進言したり，本人に研修会への参加を促したりしていくのも管理職の役目です。

> 管理職は数年後を見越して組織づくりをしていかなければなりません。

本人の特性や組織の実態に応じて，出張研修を活用しましょう。

職員の休暇を管理する

「今日の午後，年休を3時間とりたいんですけど」

「え〜？」

などと，職員が休暇届（願）を出したときに，渋い顔をしていませんか？

　学校職員は年休，正式には年次（有給）休暇を年間20日とることができます。これは理由を問わず，期日や時間を書いて提出すればいつでも自由にとることができます。（学校の業務に支障をきたす場合は，校長が時季変更権を行使します）

　公立学校職員の休暇については都道府県の条例で定められており，長崎県の場合には次のような種類があります。

　年次休暇・公傷休暇・病気休暇・療養休暇・生理休暇・特別休暇・介護休暇及び介護時間（年次休暇以外は，所属長（校長）の承認が必要です）

　とはいえ，子どもたちが下校した後なら気兼ねなく休暇をとることができますが，授業中にとる場合は，かわりに誰かに授業に入ってもらわなければなりません。これが，教員がなかなか休暇をとりにくい理由になっています。

　かわりに入る職員がいないときには，教頭が入ることもあります。

「この忙しいのに，補教に入ったらなおさら帰りが遅くなる！」

と思うと，休暇届（願）が出されたときに，先述のように渋い顔になってしまうのです。ただでさえ，「迷惑をかけて申し訳ない……」と思っている職員に，そんな顔をしてはいけませんね。

「おお，久しぶりに担任気分を味わえる！」と思えば，笑顔で「大丈夫！安心して帰っていいよ」と返答することができます。

　ところが，数年前から，厳しい状況が増えています。

そうです。コロナ禍です。

　職員自身が陽性者や濃厚接触者になると，7〜10日ほど出勤できなくなります。それが，同時に3人，4人……となると，教頭も1日補教に入りっぱなしになることもあるでしょう。苦しいところですが，

> **それでも，職員の休暇届（願）は笑顔で受け取るのが教頭の流儀です。**

　ただし，前述のように休暇の種類がたくさんあります。事前に，あるいは急に，様々な休暇届（願）が出されますが，「誰が・いつ・どんな休暇をとるのか」をきちんと把握しておきましょう。

職員に応じた休暇のススメ

　休暇には様々な種類がありますが，どんなときに使う休暇なのかは，「病気休暇は病気のとき，介護休暇は家族を介護するときだよな……」と，その名称でだいたいわかります。わからないのは，特別休暇です。

　「特別」の中には，実に多くの場合が含まれています。

　私も，管理職試験の勉強をしていて初めて知りましたが，選挙権の行使で休暇がとれるんですね。また，子どもに関する出産や育児，介護に関しては，産前・産後休暇以外にも様々な休暇があります。

　このように多種多様な休暇があるので，職員に応じた休暇をすすめましょう。そのためには，教頭が休暇の種類を熟知しておかねばならないのですが，なかなか覚えられません。

　職員自身やその家族には様々な状況があり得るので，その都度，事務職員に教えてもらいながら，

> **そのときの職員にもっとも適した休暇をすすめるようにしましょう。**

長期休業中の職員の出張・外勤・休暇を管理する

　夏休み，冬休み，春休みなどの長期休業に入る前には，職員に動静表を書いてもらいます。職員の出勤日や，職員に参加義務があったり職員自身が参加を希望したりする出張・外勤などを確認します。次は，休暇です。年次休暇や，夏休みなら夏期休暇など，いつ休暇をとるのか決めてもらいます。職員の動静表が出されたら，チェックして一覧表にまとめます。その際，次の点を確認しておきましょう。

・決まった勤務年数により参加義務のある出張（初任者研修や○年研など）
・同じ場所なのに職員によって出張だったり外勤だったりしていないか
・決まった年齢によりとらなければならない休暇（リフレッシュ休暇など）
・長期休業中の産休や病休などの開始日・終了日

　ときどき，年次休暇をまったくとらない職員がいます。
　もちろん，休暇をとる・とらないは本人の自由なのですが，計画的に年次休暇を消化するように，助言しておきましょう。

教頭自身の動静

「１日以上５日未満」が50.8％。

　これは，副校長・教頭の有給休暇の取得状況です（「全国公立学校教頭会の調査―令和３年度―」より）。うーん，年次休暇を計画的に……って，え

らそうに職員に言えませんね。ちなみに，「５日以上10日未満」は36.8％。副校長・教頭の９割弱が，年に10日も休んでいないのです。本書をお読みの教頭職のみなさんは，どのくらいの取得率でしょうか。

　「教頭の辞書に『休み』という文字はない！」という方，たしかに，教頭は事務仕事もたまっているし，休んだら翌日に余計忙しくなるし……なかなか休めないという気持ち，よくわかります。でも，だからこそ「計画的に年次休暇を消化しよう」と思わないと，体をこわすまで休めません。管理職が休まずして，職員に「遠慮せず，休んでください」なんて言えませんよね。

> 休暇をとることも，教頭の仕事の１つだと割り切りましょう。

　私の年次休暇の目標取得日数は年間10日です。夏休みには５日の年次休暇をとります。夏期休暇も５日あるので，夏休みに10日の休暇をとります。
　「教頭が不在だと迷惑がかかる」と思われるかもしれません。しかし，まさにそのような意識が，教員や管理職が休めない元凶です。
　人間，誰しも人に迷惑をかけないで生きていくことはできません。

> 「迷惑をかけない」ではなく，「お互いに迷惑をかけ合おう」くらいの意識でいいじゃないですか。

　管理職が２人とも不在になるのを避けるため，校長が休暇をとった後に教頭が休暇をとる日を選びます。どうしても外せない用事があるときは，「この日は休ませてください！」とはやめに校長に伝えておきましょう。

教頭の事務

05 学校日誌・学校沿革誌

歴史を紡ぐ責任と自覚をもつ

一般職員はあまり目にする機会はありませんが，教頭には学校日誌や学校沿革誌を書く実務もあります。
学校の歴史を紡ぐ責任重大な仕事です！

なぜ学校日誌を書くのか

　学校には，学校日誌というものがあります。

　毎日の学校に関することを書くわけですが，日によってはけっこう時間がかかります。「面倒くさいな～」と思っている教頭も多いことでしょう。

　なぜ，学校日誌を書くのでしょうか？

> それは，学校に関する記録を残すためです。

　学校では様々なことが起こり，後になって「何が起こったか」「何月何日だったか」を問われることがあります。

　このようなとき，「わかりません」「覚えていません」と答えるのはあまりにも無責任です。管理職として，学校で起こったことは責任をもって記録しておき，覚えていなくても「調べればわかる」状態にしておくのです。

　学校日誌を書くことは法律でも示されています。

　学校教育法施行規則第28条「学校において備えなければならない表簿」として，日課表や指導要録などとともに学校日誌も挙げられているのです。

学校日誌に何を書くのか

学校日誌には何を書くのでしょうか。

学校や地域によって多少の違いはありますが，おおよそ以下のような内容になるでしょう。

・日付　・天気　・在籍者数　・出欠状況　・主な行事
・職員の動静　・来校者　　　　　　　　　　　　　　　など

かつては，これらを毎日，手書きしていたのです。

今では，校務のオンライン化のおかげで，校務支援ソフトで入力している学校がほとんどではないでしょうか。

担任の出席簿と連動していて，その日の出欠が自動的に学校日誌にも反映されるようになっているので，手間が省けます。

ただし，担任によっては，その日の出欠を入力し忘れていることもあります。特に，午後から外勤に行ったり休暇をとったりするときには忘れやすいので，声かけが必要です。

もう1つ，「特記事項」（または「備考欄」）というものがあります。

パソコン入力のため，枠内に入るよう自動的に文字が小さくなるのでいくらでも書けるのですが，ある程度項目を絞って書きましょう。

私は，以下のようなことを書いています。

・辞令交付　・通知（文書番号とタイトル，周知・指導の有無）
・管理職による指導（服務規律に関することなど）
・校舎施設に関すること（点検，改修，整備など）
・休校や学年学級閉鎖　　　　　　　　　　　　　　　など

何をどこまで記録するのかは学校や地域によっても違うので，教頭１年目のときには，校長や近隣の教頭に確認しておきましょう。

学校日誌は一級品の歴史資料

　校長室の書庫の中には，過去の学校日誌がズラッと並んでいます。

　私の勤務校で一番古いものは，昭和20年度のものでした。

　開いてみると，記事の欄には「俸給到着」とあります。当時は現金だったでしょうから，給料が到着したことも書いていたのですね。

　別のページには「空襲警報」や「防空壕ニ対スル協議会」などの記述があり，「ああ，この頃は戦時中だったんだな」と実感します。

「8月15日の終戦の日はどのように書いてあるのだろう」と思って探してみましたが，8月4日の次は9月1日になっていました。

終戦前後の約1か月，学校も混乱していたのだろうな，と想像できます。

ちなみに，その年の2学期の終業式の日には「午後　職員忘年会」とあり，「終戦の年にも飲み会をやってたんだな。いや，終戦したからこそできたのかな？」などと，勝手に想像がふくらみます。

1989年1月7日には「天皇崩御」「半旗掲揚」の文字もありました。もちろん，町や学校に関することも綴られており，「へえー，そんなことがあったんだ……」と読みふけってしまいます。

このような学校日誌が全国の各学校にあるわけで，断片的ですが，当時の様子や情報を読み取ることができます。

> 教頭が毎日書いている学校日誌は，一級品の歴史資料となるのです。

「あれ，学校日誌の保存期間は5年間では？」と思った方，するどい！学校日誌の保存期間は5年なので，それ以前のものは処分してもよいのです。

とはいえ，昭和20年代の学校日誌なんて，古すぎて逆に処分できませんよね。しかし，書庫のスペースにも限りがあります。

1つの方法としては，校長の了承を得て，スキャンしてデータ化すれば場所をとりません。もっとも，昭和時代の学校日誌はそれ自体が貴重な資料なので，データ化したからといっておいそれと廃棄できないかもしれませんが。

ちなみに，学校日誌とは別に，学校沿革誌というものもあります。

歴代の校長や職員，校歌，歴代PTA会長，主な学校行事などが記録してあり，これを見ると勤務校が創立何周年になるかもわかります。

学校日誌も学校沿革誌も，学校の歴史を示す貴重な資料です。

> 「学校の歴史を紡いでいる」という責任と自覚をもって執筆しましょう。

教頭の雑務

01 電話対応

電話対応で決まる "学校のイメージ"

学校には，様々な人たちから電話がかかってきます。
一番多く電話をとるのは教頭です。
教頭の話し方次第で，学校の印象が変わることもあるのです。

教頭の声が学校のイメージになる

　学校には，保護者や地域住民，教育委員会や業者などから，様々な電話がかかってきます。不在でなければ，教頭が電話をとることが多いはずです。つまり，多くの人々は，真っ先に教頭の声を聞くわけです。

　自分の電話での声を意識したことはあるでしょうか？

　担任時代，授業を録音して自分の声を聞いたときは，なんて下手くそな話し方だと思ったものです。今の時代ならスマホで簡単に録音できるので，一度自分の電話対応を聞いてみてはいかがでしょうか。

　教頭が意識する・しないにかかわらず，早口や不機嫌そうな声，礼を失する態度などだったら，学校のイメージそのものが悪くなります。

> 　よくも悪くも，教頭が電話口で話すイメージがそのまま学校のイメージになるのです。

　極端に丁寧にする必要はありませんが，教頭はそのような自覚をもって電話対応にあたりましょう。

欠席連絡の電話対応

　朝，保護者から欠席連絡の電話がかかってきたら，教頭が対応します。担任が職員室にいればかわりますが，いなければ次のようなことを確認して担任に伝えます。

> ・欠席理由　　・体調不良の場合は病院受診の有無　　・担任への伝言など

　事務的に欠席連絡を聞くだけでなく，体調不良の場合は心配するひと言をかけたいものです。

　担任への連絡は，一般的にはメモに書いて担任の机上に貼りつけます。

> その際，私は，子どもの名前は漢字を使ってフルネームで書きます。

　全校の子どもたちの名前を覚えていなかったり，読めない漢字だったりすることが多いのですが，漢字でメモすることで，漢字と読みを一緒に覚えます。

　もちろん，最初は電話を受けるたびに児童名簿を見て漢字を書くので時間がかかりますが，そのうち何も見ずに書けるようになります。

　ところで，私の勤務校がある町では，職員の連絡用に全職員に iPod を整備しています。欠席連絡の電話を受けたら，それを iPod で担任に知らせます。手書きのメモは必要ありませんが，やはり子どもの名前は漢字で打つようにしています。

　また，Microsoft Teams を使って，保護者がスマホで欠席連絡を入れることで，朝の欠席連絡の電話をなくしている学校もあります。

　私の学校でもやろうと思えば可能ですが，あえてしていません。

　児童数が200人程度でそれほど多くないということもありますが，私自身

が直接保護者の声を聞きたいからです。

　同じ発熱による欠席でも，37.5度と39度では声のかけ方も違ってきます。2〜3日連続で欠席している場合は子どもの様子も聞きたくなります。また，行きしぶっている子どもを連れていこうとして遅刻する，という家庭にはお礼も述べます。メールによる欠席連絡では，このような細かいコミュニケーションがとれないのです。

> 　機械的な文字のやりとりよりも，肉声でコミュニケーションをとる方が，学校と保護者がより親しみのある関係をもつことができます。

　とはいえ，すべての教頭がそうすべきだというわけではありません。

　大規模校では，毎朝欠席連絡の電話がひっきりなしにかかってきて，そんな悠長なことは言っていられないでしょう。

　学校規模や状況に応じて，上手にICTを活用するとよいと思います。

クレームの電話対応

「道路で子どもが車に石を投げていた」
「運動場の樹木の落ち葉が庭に積もって困る」
「マスクは新型コロナに効果がないのでやめさせてほしい」
「子どもが担任を怖いと言っている」

　学校にかかってくる苦情の電話への対応も，教頭の仕事です。どんなに忙しくても，それを声や態度に表してはいけません。

　基本的には，次のような対応になります。

お礼	：「お知らせいただき，ありがとうございます」
対応	：「校長と検討いたします」
	「担任に事実確認をいたします」

相手の確認：「検討（確認）した結果を後日お知らせしますので，お名
　　　　　　前と電話番号を教えていただけないでしょうか」
　　　　　　（教えてくれないことが多いのですが）

　まっとうな苦情もあれば，無理難題をもちかけられることもあります。その場で即答せず，校長（場合によっては教育委員会）と相談してから，折り返し返答しましょう。

若手職員への電話での話し方の指導

　電話が鳴ったら若手の職員がダッシュで受話器をとる学校があります。若手職員が多い学校でしたが，「電話は真っ先に若手が出る」という雰囲気があり，間に合わなくても席を立ってとりに行こうとするその姿勢には好感がもてました。

　それはそれとして，若手職員の電話の話し方で気になることがあります。「こんにちはー」「そうですかー？」などと語尾が伸びたり，保護者の話を聞きながら，「うん，うん……」と言ったりしているのです。

　「語尾は伸ばさない」
　「『うん』ではなく『はい』」
　「職員は身内なので"先生"をつけずに『校長』『○○』と言う」
などのことは，民間企業なら最初の研修で教わるのでしょうが，初任者研修にはありません。

　　学年はじめに，全体の場で基本的な電話の話し方やマナーについて共通理解する場を設けましょう。

　職員の電話対応によっては立腹する人もいます。職員が社会人として恥ずかしくない電話対応ができるように指導しておきましょう。

02 校内巡視

校内巡視で「見えないもの」を見る

校内巡視を面倒なものと思っていませんか？
7つ道具を活用して効率的に回りましょう。
そして，「見えないもの」を見る観察眼を養いましょう。

校内巡視は危機管理の第一歩

　校内巡視の目的は，校舎内の異常の有無を確認し，大きなトラブルを未然に防ぐことにあります。

　一般的には，次のようなことを確認していきます。

・窓の施錠　・電化製品の消し忘れ　・器物の破損
・蛇口からの水の滴り　　　　　　　　　　　　　　　　　　など

　そして，

「いつもと違うこと」がないか，も確認します。

　いつもと違うこととは，「いつもある物がない」「いつもはない物がある」といったことです。

　例えば，教室にいつもは置いていない害虫退治用のスプレーが置きっぱなしになっていたとします。

子どもが勝手に吹きかけて遊んだら危険です。友達の顔にかけたら大変なことになります。すぐに担任に伝えるか，いなければ教頭が職員室へ持ち帰ることで，危険を未然に排除することができます。

> 校内巡視は，危機管理の第一歩なのです。

校内巡視には，チェックを忘れやすい"盲点"があります。

例えば，体育館のトイレや体育館倉庫などの「窓」です。

以前，近隣の学校で，体育館倉庫の窓の施錠が忘れられており，それを知っていた子どもたちが週末にその窓から入り込んで遊んでいた……という話を聞いたことがあります。要チェックです。

また，雨が降っているときにしか確認できないこともあります。

それは，「雨漏りをしている箇所」の確認です。

雨の日には，天井や壁に雨漏りの染みがないか，床に水たまりがないかどうかを確認していきます。新任教頭として赴任したり，他校から転勤してきたりした場合には，前年度からいた職員（特に事務職員や用務員など）に「去年，雨漏りしていたところはありませんでしたか？」と聞いておくとよいでしょう。

意外な盲点は，廊下の時計です。電池切れで止まっていることがあるのです。校内巡視で気づかずに職員から指摘されたときには，「うーん，自分の観察力はまだまだだな」と反省させられました。

> 校内巡視は，あなたの"観察眼"が試される場でもあるのです。

校内巡視７つ道具

校内巡視しているときに，ポスターがはがれていたり，ごみが落ちていた

りすることがあります。あたたかい季節になると，虫の死がいも落ちています。

「あとで貼っておこう」「あとで拾っておこう」と思っていても，校舎をひと回りすると忘れてしまいますよね。

こういうことは「そのとき」にやらないと，そのままになってしまいます。

そこで，校内巡視には，次の7つ道具を持って行くようにしています。

・画鋲　・画鋲はがし　・ミニセロハンテープ　・ビニール袋
・ミニちりとり　・ミニほうき　・デジカメ

デジカメは，雨漏りや破損箇所などを撮影して，あとで校長や事務職員に見せるために使います。私は，教室の "ちょっといいところ" を撮影して，職員室通信に掲載するのにも使っています。

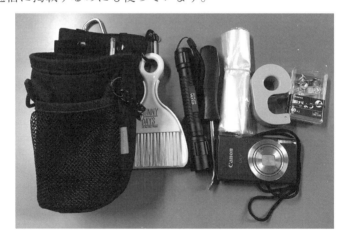

誰もいない教室から，学級の様子がわかる

いつもきちんとしている教室が，だんだん乱れている日が多くなってきたことに「ちょっと危ないな……」とはやめに気づけたら，担任に「最近，ど

う？　何か困っていることはない？」と声をかけることができます。

　担任が整理整頓に無頓着な場合もあります。

　あなたの学校の職員（担任）は，放課後，教室を出るときに，

> くるりとふり返り，教室を見渡して“確認”しているでしょうか。

　いつも整理整頓している担任なら，見渡せば違和感に気づきます。

　ふり返らない担任や，ふり返っても気づかない担任は“確認力”が不十分だと言わざるを得ません。

　そのような教室の担任に，どのように声をかけますか？

　私はまず，

> 　机がまっすぐ並んでいる教室や，整理整頓された棚などを写真に撮っておき，職員室通信で紹介します。

　そうすると，いちいち言わなくても，担任は放課後の教室の整理整頓に気をつけるようになります。それでもだめならひと声かけるようにしますが，まずは担任の“気づき”を促すのです。

　一方，黒板に明朝の子どもたちに向けたメッセージを書いていたり，定期的に教室に花を生けていたりする担任もいます。

　そういうものを見ると，メッセージや花の向こうに子どもたちの心をあたたかくしようとしている担任がいることに気づき，うれしくなります。

　子どもの心や担任の性格は，目には見えません。でも，誰もいない教室の様子を眺めていると，少しずつ見えてくるから不思議です。

> 　「見えないもの」を見る観察眼を養うことで，誰もいない教室から子ども理解や職員理解をすることができるのです。

03 一斉メール

たかが事務連絡，されど事務連絡

緊急の際に保護者や職員に一斉に送信できる一斉メールはとても便利です。
でも，気をつけないととり返しのつかないことになることもあります。

緊急時に発出する一斉メール

「猿が出ました，ご注意を」

　保護者のみなさま，こんにちは。猿の出没についてのお知らせです。
本日のお昼前，○○公民館の近くに大きめの猿が出たそうです。
その後，どの方面へ移動しているかわかりません。
子どもたちには下校前に，次のことに注意するよう指導しています。
「絶対に目を合わせないこと」「絶対に石を投げたり棒で追い回したりしないこと」「猿が出たら，すぐにその場から離れること」
　保護者のみなさまも十分ご注意下さい。どうぞよろしくお願いいたします。

　これは，私が教頭になって最初に流した，保護者向けの一斉メールです。
　今の時代，保護者や職員への連絡に一斉メール送信を行っていない学校はないでしょう。急な予定変更や，先述の猿のように子どもたちの安全にかか

わる突然の出来事に対応するには，一斉メールが便利です。

例えば，私は次のようなメールを発出しています。

・担当者の体調不良による放課後子ども教室中止のお知らせ
・新型コロナウイルス感染拡大による授業参観中止のお知らせ
・大雨や台風などによる集団下校や臨時休校などについてのお知らせ
・宿泊行事の様子についてのお知らせ

コロナ禍になってからというもの，特に新型コロナウイルス関連のメールが増えました。感染者が増加したために学級閉鎖や休校になったり，行事が中止・延期になったりするたびにメールを発出するのですから，増えるのは当然です。数日前からわかっていることであれば，プリントを配付して知らせているのですが，最近はプリントをよく確認しておらず「メールで流してほしかった」という保護者もいます。一方，何度か連続してメールを流すと「メールが多すぎる！」とお叱りを受けることもあります。すべての保護者の要望には応えられないので，「緊急の場合」「子どもの安全・安心にかかわる重要なことの場合」などに限定してメールを流しています。

宛先と内容に要注意

メールや LINE で相手を間違えて送信してしまった経験はありますか？一般的かどうかはわかりませんが，"誤爆"と呼ばれています。

学校が送信する一斉メールは全保護者向けに送信できるだけでなく，各学年向け，PTA の各専門部向けなど，最初の設定次第で細かく振り分けることができるので大変便利です。それだけに，

メールを送信する際には宛先を確実に確認しておかなければなりません。

宛先を十分確認しないまま送信してしまうと，とんでもないことになってしまいます。

　ある県では，新型コロナウイルス感染者の氏名を教職員のみに送ろうとして，こともあろうに保護者全員に誤送信してしまい，教育長が謝罪する事態に発展した学校がありました。今でこそ多くの人々が感染していますが，当時はまだまだ少数だったので，絶対に漏らしてはいけない情報のはずです。

　一般教員のときには他人ごとでしたが，教頭の立場でこの記事を読むと，「こんなメールを送信する立場の職員って，教頭だよな……」と，一気に自分ごとになって背筋が凍りつく思いがしたものです。

　自戒するとともに，いくら情報共有のためとはいえ，一斉メールで送信する内容かどうかはよく考えなければなりません。

　あってはならないことですが，もし誤送信をしたら，すみやかに次のことをしておきます。

・校長，教育委員会への報告（場合によっては職員にも）
・誤送信した相手へメール破棄の依頼
・メール内容により，謝罪の必要のある方へ連絡

　このようなことをしても，送信してしまったことはとり返しがつきません。

　これは，保護者へ送信するメールも職員へ送信するメールも，同じソフトを使い，クリック1つで送信先を選択していることが根本的な原因です。

　同じソフトを使っている限り，今後もミスは起こり得るでしょう。

　自治体によっては，校内で Microsoft Teams を使っている学校もあります。職員だけへの連絡であれば，Microsoft Teams のチャット機能を使うなどの方法もあります。べつに Microsoft Teams でなくてもよいのですが，送信ミスを防ぐには「保護者と職員への連絡は別のソフトを使う」ことも1つの方法です。私生活でメールを"誤爆"した経験のある人は，一斉メール送信の際にはくれぐれもご注意を。

一斉メールで保護者に寄り添う

PTA行事の際，保護者から次のように言われたことがあります。

「学校からのメールに感激しました。涙が出そうになりました。教頭先生に会ったら，言おうと思ってたんです！」

その保護者が感激したメールの1つは，このようなものでした。

　保護者のみなさん，こんにちは。

　とうとう，夏休みもあと1日となりましたね。子どもたちは，夏休みの宿題の最後の追い込みといったところでしょうか？

　さて，本県は新型コロナウイルスの感染急増を受け，まん延防止等重点措置の適用を受けることになりました。

（中略）

　それでは，明後日の9月1日，子どもたちと笑顔で再会できることを楽しみにしております。

連絡事項の中身ではなく，最初や最後のちょっとしたひと言に感激されたようです。このような一斉メールはめずらしいのかもしれません。

基本的に，一斉メールで流す内容は事務連絡です。

しかし，学級通信などを出す機会のない教頭にとっては，

一斉メールは教頭から保護者へ直接言葉を届けられる数少ない機会です。

いつも学校教育に協力してくださっている保護者へ言葉を届けるのですから，保護者に寄り添うちょっとしたひと言を入れたくなります。

そのちょっとしたひと言で，多少なりとも心あたたまる保護者がいてくれたらうれしく思います。たかが事務連絡，されど事務連絡なのです。

04 来校者対応

来校者へのおもてなし

来校者をあたたかく迎える雰囲気のある学校と、そうでない学校があります。
職員は気づきませんが、あちこちの学校を回る業者は敏感に感じ取ります。
さて、あなたの学校は？

「この学校にまた来たい」

「この学校の教頭先生は怖いから、ついてきてください」

これは、ある学校を訪問することになった保険会社の女性社員が、ベテラン社員に助けを求めて言った言葉です。

よほどしかめっ面をした教頭だったのでしょうか……。

学校には、実に様々な人が来校します。

担任時代は教室にいる時間が多いので、自分に用事がある人以外とは会う機会は少ないものでした。ところが、教頭になるとほとんどの来校者と会うことになります。

保護者や地域住民をはじめ、保険会社や運送会社、点検業者に工事関係者、教育長・指導主事などの教育委員会……。

そういう人たちはあちこちの学校を回っているので、

「この学校の職員室は入りやすいなあ」

「この学校の先生たちは、なんだか冷たく感じる……」

などと、いろいろな感想をもっています。

知らぬはその学校の職員ばかりなり、なのです。

ある校長先生（現在は教育長）は，次のように言っていました。

> 業者の人に「この学校にまた来たい」と思ってもらえるような学校にしたい。

たまにしか来校しない業者が「また来たい」と思う学校であれば，子どもや保護者，地域住民もやはり「また来たい」と思うのではないでしょうか。

では，どうすれば「また来たい」と思ってもらえるような学校になるのでしょう。

おもてなし3か条

①笑顔の「おもてなし」

まずは，なんといっても笑顔です。これに尽きる，といってもよいでしょう。笑顔になれば，自然に明るい声になります。

その表情や声色は相手の印象を左右します。

とはいえ，教頭は多忙です。いつ，どんなトラブルを抱えているかわかりません。「○年△組で問題が起こった！」「保護者からのクレームがきた！」「職員同士がけんかしている！」……このように殺気立っているときに，業者が「こんにちは〜」と突然来校されることもあります。

「この忙しいときに！」と思う気持ちはわかりますが，相手だって忙しいときをねらって訪問しているわけではありませんよね。

業者によっては，来てくれないと学校側が困る場合だってあります。

そうです。様々な業者が学校に来てくれるのは，ありがたいことなのです。

> 「来てくれてありがたい」という気持ちと，笑顔で迎える心のゆとりをもちましょう。

②裏表のない「おもてなし」

　教育長や指導主事，他校の教師といった"業界関係者"にはにこやかに対応しても，学校の出入り業者には不愛想な学校もあるそうです。

　そういう学校は，「人によって態度が違う」という噂が広がるものです。

　あなたの学校は，そしてあなた自身はどうでしょうか？

　教育長が来校したときには飛んで行ってあいさつをするのに，まったく知らない人が職員室の入り口で「こんにちは」と言って立っているのに，誰も顔を上げずにパソコン画面ばかり見ていないでしょうか？

　どんなときでも，どんな相手にでも，「こんにちは！　どのようなご用件ですか？」とにっこり笑って対応する心の余裕をもちたいものです。

　知っている人，知らない人，関係の深い人，浅い人……どんな人にも同じように，裏表のない「おもてなし」の心で出迎えましょう。

---

③ひと手間かけた「おもてなし」

　あらかじめ，来校者の訪問がわかっている場合があります。

　そのようなときは，どこの学校でも，玄関に，

　「ようこそ○○さん　控室は２階△△室です」

などと書かれた案内板が設置してあるのではないでしょうか。

　小黒板にチョークで書いたり，パソコンで印字したものを掲示したりとそれぞれですが，そのような案内板を準備するのは，教頭の仕事です。

　ところがある日，６年生のゲストティーチャーのために，子どもたち自身が手書きの案内板を用意していました。

　これには，来校したゲストティーチャーも感激していました。

　担任が，ひと手間かけて，来客への歓迎の気持ちを形に表すことを教えていたのです。教頭が事務的に書いたりパソコンでつくったりしたものよりも，あたたかさを感じます。

教頭として，子どもたちや担任の「おもてなし」の姿勢に学ぶことができました。

　そこで私も，「おもてなし」の気持ちを表そうと，パソコンでつくった案内板に手描きのイラストを加えることにしています。イラストといっても，インターネットの画像などを参考に描いたものです。

　たしかに，イラストなんてなくてもよいのですが，

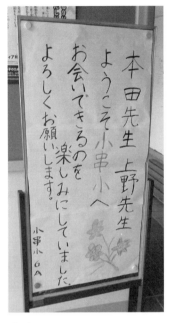

> 　あえて "ひと手間" かけることで，相手への「おもてなし」の気持ちを表したいのです。

　その "ひと手間" はイラストでなくてもかまいません。

　私は描くことが苦にならないからこうしていますが，手書きでひと言添えるだけだってよいのです。

　どのような形でも，ひと手間かける気持ちと余裕をもっておきたいですね。

教頭の雑務

生きもの対応

教頭の夏，生きものの夏

学校には，様々な生きものがやってきます。
中には，危険な生きものも……。
その対応は教頭が行います。
子どもの安全のために，抜かりなく準備をしておきましょう。

招かれざる生きものたち

学校には様々な「招かれざる生きもの」がやってきます。

ダンゴムシやカニはかわいい方です。

「教頭先生，スズメバチが入ってきました！」「ムカデが出ました！」

「わかった！　任せろ！」

殺虫剤を持って出陣します。

「教頭先生，ベランダで鳥が死んでるんですが……」

「はいはい，今，行きまーす！」

新聞紙に包んで，校舎裏に丁重に埋葬します。

「教頭先生，授業中，教室にスズメが入って飛び回ってます！」

「気にしないで，勉強に集中して！（無理かー）」

教室や廊下の窓を全開にして，外へ出るように追い立てます。

「教頭先生！　2階の図書室のベランダにネコがいます！」

「なんでー!?」

エアコンの室外機の横で丸くなっているネコの首筋をつかんで引っ張り出し，敷地外へ放します。

このように，生きもので困ったら，まず教頭へ一報が入ります。

上記の例は，すべて教頭１年目に私が経験したことですが，全国どこの学校でもよく目にする"教頭あるある"なのです。

離島の学校で教務主任をしていたときには，校舎内にマムシが入ってきて驚きました。さすがにマムシ用の殺虫剤はありません。

どうしようかと考えていたところ，当時の校長が針金で輪をつくり，マムシの首にかけて捕獲しました。

この校長は離島出身なので慣れていたそうですが，私には無理……いや，管理職ともなれば，そうも言っていられないのかもしれません。

校務分掌に載っていないものは教頭の仕事

校務分掌には，生きものの捕獲や始末についての記載はありません。

> 校務分掌に載っていない「校舎・敷地内に入り込んだ生きものの捕獲・始末」は，教頭の仕事なのです。

中には，そういうことが得意な職員もいて，手伝ったりかわりにやったりしてくれることもあります。しかし，どこの学校にもそういう職員がいるとは限りません。基本的には教頭の仕事と捉えていた方がよいでしょう。

そのため，次のようなものをあらかじめ用意したり，保管場所を確認したりしておきましょう。

> ・ビニール手袋　・動物の死がいを埋める場所　・シャベル
> ・虫とり網　・ムカデやスズメバチ用の殺虫剤

生きものの出没が盛んになるのは，夏から秋にかけてです。

教頭にとっての夏は，"生きものとの闘いの夏"でもあるのです。

ハトとの闘い

　私が新任教頭として赴任した学校は，３階教室のベランダに多数のハトが飛んできていました。おそらく，カラスなどの天敵が少ないのでしょう。

　飛んでくるだけならよいのですが，ハトも生きものですから，糞をします。

　その結果，３階教室のベランダには大量の糞がまき散らされることになります。担任が掃除をするのですが，数日経つと，また糞だらけです。

　担任は糞害，いや憤慨します。当然ですよね。

　しかし，担任だって黙って見ているだけではありません。

　ハトが手すりにとまっていたら窓を開けて叫んだり大きな音を立てたりして追い払おうとしたのです。でも，最初の頃こそ驚いて逃げていましたが，そのうち動じなくなりました。ハトよけの飾りをつけたり，「鳥が苦手な超音波」を出す機械を設置したりしましたが，まったく効果がありません。

　ついに，エアコンの室外機の下に巣をつくり始めたので，かわいそうですが見つけるたびに巣を片づけていました。しかし，数日目を離しているうちに，卵を産み，さらにヒナが生まれていたのです。

　「どうする？　これ……」

　鳥獣保護法（正式には「鳥獣の保護及び管理並びに狩猟の適正化に関する法律」）という法律があり，ベランダに住みついたハトを勝手に駆除することはできません。卵をとったり捨てたりすることも違反になります。

　まさに「やりたい放題」なのです。（撤去するためには，役場に駆除の申請をして許可をもらう手続きが必要です）

管理職ならではの生きもの対策

　そこで，校長や事務職員と相談し，予算をとって屋上から２階まで防鳥ネットを張ることにしました。物理的に，ハトが入れないようにするのです。

ただし，多額の予算が必要になるので，すぐにはできません。

　まず，校長が「子どもの健康被害が心配される」ことを理由に，次年度の予算要求をします。実際，窓の外に大量の糞があると，糞が乾燥して巻き上がり，教室内に入ってきます。換気のために窓を開けることができません。

　その結果，次年度に予算がつき（百数十万円かかったそうです），防鳥ネットを設置することができました。

　これで，ようやくハトの糞害から逃れることができたのです。

　大がかりな工事を行い，物理的に生きものが入れないようにするのは，管理職ならではの生きもの対策です。

　次は，1階の廊下の窓に網戸をつけてもらうための予算要求をするよう，校長や事務職員と相談しています。

　トンボ程度では無理ですが，「スズメバチが頻繁に入ってくる」のであれば，子どもたちの安全のために予算がつく可能性が高くなります。

　ただし，生きもの対策に予算が必要な場合，管理職には役所を納得させられるだけの"戦略"が必要になります。

　そのために，スズメバチなど危険生物が入ってきたときには，期日や回数などを記録したり，写真に残したりしておくことが教頭の仕事です。

　さて，その後，ハトはどうなったかというと……。

　ベランダに入れなくなったハトたちは，校舎の屋上にとまっています。

　ネットの隙間が開いていたら入り込もうと，常に虎視眈々とねらっているのでしょう。台風などでネットが破れないか常に注意が必要です。

　平和は"ある"のが当然ではなく，常に守り続けていなければ簡単に崩れてしまうもの……これは，生きものとの闘いにもいえることなのです。

06 苦情対応

真摯に対応，チームで対応

保護者や地域からの苦情対応には，多くの時間や労力を使います。
正当な苦情には真摯に対応しますが，過剰な要求にはチームで対応し，担任を守りましょう。

教頭が負担を感じる職務の第1位

「下校中に，うちの娘が同級生からランドセルを蹴られた。どういう教育をしているんだ！」

担任に対して，保護者から苦情の電話がありました。

「申し訳ありません。すぐに確認して指導を……」

しかし，長時間にわたり，担任に対して執拗に悪態をついてきます。

「おまえのことを教育委員会に言うぞー！」

ここで，担任もついに「わかりました！　どうぞお話しください‼」と言って，ガチャンとたたきつけるように電話を切りました。

最悪の対応ですが……私が若い頃にやってしまった失敗の1つです。相手が感情的になっても，こちらまで感情的になってはいけません。

こんなことになっては，あとでとりなす教頭も苦労してしまいますね。

「苦情対応」は，副校長・教頭が「負担（疲労やストレス）を感じる職務」の第1位です。（「全国公立学校教頭会の調査—令和3年度—」より）

全国の教頭が，苦情対応に神経をすり減らしていることがわかります。対応1つですぐ収まることもあれば，大きな問題に発展することもあります。

保護者からの苦情

「うちの子が先生に叱られたそうだが，ちゃんと話を聞いたのか？」

「うちの子が先生にひどいことを言われた。人権侵害だ！」

このように，保護者が電話や連絡帳で担任へ訴えることがあります。

担任へ届いた苦情は，必ず報告してもらいます。管理職が「知らなかった」ということがないようにしなければなりません。

そして，担任がどのように対応（返答）するのかを確認したり，助言をしたりします。複数学級の学年であれば学年主任，友達同士のトラブルやいじめに関するものであれば生活指導主任を交えて対応を検討します。

> 担任1人ではなく，チームで対応や情報共有をすることが基本です。

「○○先生のことで，教頭（校長）先生に聞いてほしいのですが……」と，担任ではなく直接管理職へ訴えたいという保護者もいます。

その時点で，担任への不信感が強いことがわかります。

一般的には，保護者の話をよく聞いた上で次のように対応します。

> ①担任への事実確認，必要なら子どもにも教頭が聞き取りをする
> ②担任に非があれば，担任とともに直接会って真摯に謝罪する
> ③誤解があれば，誤解を与えたことを謝罪しながらも粘り強く説明する

論破するのではなく，しっかり話を聞いて保護者の気持ちに寄り添いましょう。よくよく話を聞けば，それまでの担任への不満が積もり積もって，1つの事案をきっかけに「もう我慢できない。学校へ電話しよう」となっていることがよくあります。

例えば，「事情を聞かずに子どもを頭ごなしに叱る」「子どもがミスをした

ときに『それくらいできないのか』と見下す」「保護者が連絡帳に書いていても，返事やサインを書かない」……一つひとつの配慮不足や雑な対応が積み重なって，担任への不満や不信感が大きくなるのです。

> 　日常的に，子どもや保護者への対応を丁寧にすることが予防策になります。

地域からの苦情

「子どもたちが赤信号を渡っていた」
「子どもが車に石を投げた」
「子どもがうちの庭で小便をしていた」
　地域住民から，このような苦情の電話が入ることがあります。
　このような場合，子どもの名前や学年がわからないことが多く，後日，自分がやったと名乗り出る子も少ないのです。そうなると全体指導になりますが，やはり本人を特定しないと，再発の可能性があります。
　そこで，情報提供にお礼を言って電話を切ったら，すぐに現場へ向かいます。まだ，周辺に当人がいるかもしれないからです。

> 　現場を押さえることが，一番の再発防止になるのです。

　地域からの苦情には，子どもにではなく，学校に対するものもあります。
雨が降り始めると，このような苦情があります。
「保護者が子どもを迎えにきて家の周りに車が停まっている。迷惑だ」
「その保護者に直接言ってください」とは思っていても言えません。
　秋になると，学校周辺の民家からこのような苦情があります。
「学校の樹木の落ち葉で家の排水口が詰まっている。迷惑だ」

「学校の方が先にあったんですけど……」とは思っていても言えません。

そこで，学校周辺に車を停めないように一斉メールで呼びかけたり，次年度の予算をとって運動場の一部の樹木を伐採したりします。

一つひとつの苦情への対応は大変なこともありますが，

> 苦情という形でも，学校が気づかないことを教えてもらえることに感謝し，再発防止の手立てを講じましょう。

担任を守る

『信頼ある学校を創る　学校に対する苦情への対応』では，苦情を次の4つのタイプに分類しています。あなたの学校に寄せられる苦情は，どのタイプが多いでしょうか？

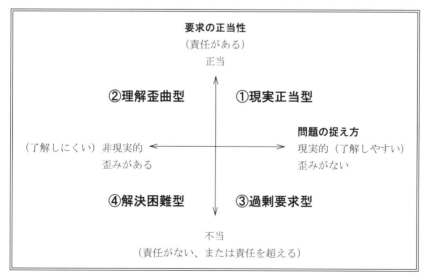

『信頼ある学校を創る　学校に対する苦情への対応』（京都府教育委員会・京都府市町村教育委員会連合会，2007年）6ページより

①の現実正当型は，学校側に非がある正当な苦情です。

②の理解歪曲型は，子どもの発言や他の保護者の発言を鵜呑みにするなど，事実を歪曲して理解している苦情です。

③の過剰要求型は，たしかに学校に非があるのですが，学校の非をことさら大きく取り上げて激しい勢いで非難するタイプです。

④の解決困難型は，問題の捉え方が一方的で歪んでおり，学校が責任を負えないことや実現不可能なことを要求する，もっとも対応が困難なタイプです。

③・④のタイプの保護者は苦情の内容もさることながら，大声で怒鳴ったり長時間居座ったりするなど，常軌を逸していることがあります。

はっきりいって万能の解決策はありませんが，"そういう保護者"だとわかっている場合は，担任には次のようなことに気をつけさせます。

・普段から，子どものために誠実に取り組む様子を見せて信頼を得る
・その保護者や子どもを含め，どの保護者や子どもに対しても態度や言葉づかいには細心の注意を払い，つけ入る隙を見せない

ただ，それも限度があります。恫喝された女性職員が泣き出したり，初任者が辞めてしまったりする例もありました。「負担（疲労やストレス）を感じる職務」の第1位になるのも十分納得できます。

そのような保護者に対応する場合，

管理職として「担任を守る」ことを最優先にします。

保護者と対面する際には必ず管理職が同席するのはもちろん，教育委員会とも連携して対応します。スクールロイヤーが配置されている自治体もありますが，未配置であれば警察に相談する方法もあります。スクールロイヤーの配置校はまだまだ少ないので，はやく全国に広げてほしいと思います。

3章

組織づくりの実務

01 校長との連携

校長に学び，校長を理解し，校長を助ける

教頭は，あくまでも校長の方針に沿って動きます。
そのためには，校長と教頭のコミュニケーションが欠かせません。
進んで話しかけ，校長の学校運営を助けましょう。

新任校長・新任教頭がそろって赴任

「あなたの赴任校は，川棚町立小串小学校です」

「はい」

「教頭先生もその学校へ行くので，2人でがんばってください」

「え……?」

私が教頭試験に合格した年，当時の勤務校の教頭も校長試験に合格していました。すると翌年，2人そろって同じ学校へ新任校長・新任教頭として赴任することになったのです。

同じ学校の同僚だった教頭・教諭が，別の同じ学校の新任校長・新任教頭として赴任するなんて，なかなかめずらしいケースではないでしょうか。

しかし，私にとっては気心が知れた者同士です。見ず知らずの校長であれば聞きにくいことでも，けっこう何でも尋ねることができました。

また，校長の教頭時代によく苦労話を聞いていたので，どんなときにどうしてほしいのか，ということもわかります。おかげで，仕事が大変やりやすかったのを覚えています。教頭1年目の私にとってはラッキーな人事でした。（校長にとっては，ベテラン教頭の方がよかったかもしれません……）

校長と教頭は上司と部下

　教頭にとって，「校長がどのような人か」というのは，大変重要です。

　なにしろ，たった２人の管理職（副校長がいる学校では３人）ですから。
当然ながら，いろいろな校長がいます。

　何でも率先して動くタイプの校長。面倒見がよい親分肌タイプの校長。元
県教委でキレ者タイプの校長。研究授業や職員会議で居眠りばかりしている
不安一杯タイプの校長。パワハ……いや，体育会系タイプの校長。

　その中には，もしかしたら"合わない"校長がいるかもしれません。

　しかし，校長と教頭は上司と部下です。どんなに合わなくても，その校長
と連携して学校運営にあたらねばなりません。

　学校教育法第37条には，教頭の職務が次のように示されています。

　教頭は，校長（副校長を置く小学校にあつては，校長及び副校長）を
助け，校務を整理し，及び必要に応じ児童の教育をつかさどる。

　教頭の職務として，真っ先に「校長（副校長）を助け」る，ということが
示してあります。校長の経営方針や学校教育目標が達成できるように，教頭
がその実務を担うのです。そのためには，

　教頭は，常に校長の考えを知ろうと努めるようにしましょう。

　経営方針でわからないことがあれば，直接校長に尋ねます。教頭が理解し
ていなければ，職員に伝えることはできないのですから。

　中には，教頭より年下の校長や，気心の知れた同級生の校長がいることも
あります。それでも，親しき仲にも礼儀あり。特に職員の前では敬語を貫き，
あらゆる場面で校長を立てましょう。

校長と職員をつなぐ

天候があやしいときに，登校時刻を遅らせるか通常どおりにするか。

新型コロナウイルス感染症が拡大したときに，授業参観を行うかやめるか。

子どもが事故にあったときに，救急車を呼ぶか呼ばないか……。

校長には，様々な場面で決断することがあります。

その判断材料となるものを集め，報告するのが教頭の役目です。ときには，職員の考えを聞いて，情報を整理して校長へ伝えます。

それでも，校長の判断にすべての職員が賛成するとは限りません。「校長先生のあの判断はおかしいよね」などと，後になって不満をつぶやく職員がいるものです。気づいたらそのままにせず，「いや，あれはね……」とフォローし，校長の真意を説明しておきましょう。

逆に，職員のことを校長へ伝えなければならないこともあります。

教頭が授業を観察したり，職員と話をしたりして得た情報で，重要なものや参考になるものがあれば校長へ伝えます。

また，職員から子どものこと，保護者のこと，地域のことなど，様々な情報が教頭に寄せられます。

「教頭へ報告したのに校長が知らなかった。教頭が伝えていない！」といったことがないように，集まった情報は校長に伝えます。

ただ，すべてではありません。「これは必要ないな」というものは報告せず，教頭が処理をすることもあります。（その見極めを誤ると「それはちゃんと報告しといてくれ！」と言われたり，「そんなこと，わざわざ報告しなくていい」と言われたりすることもあるのですが……）

校長のことを職員へ，職員のことを校長へ——

校長と職員をつなぐ役割が，教頭にはあるのです。

校長に学ぶ

「教頭先生，○○先生に伝えておいて」「承知しました」

「教頭先生，ちょっと調べといて」「すぐ調べます」

「教頭先生，エクセル教えてほしいんだけど」「何をしたいんですか？」

「教頭先生，今日何曜日だっけ？」「……」

校長からお呼びがかかり，いろいろなことを指示されたり尋ねられたりすることがあります。

「忙しいのに～！」などと言わないで！　それも職務だし，それだけ教頭として頼りにされているということです。快く受け答えをしましょう。

校長と教頭の考えが違うときもあります。違う方がよいと思ったときには，根拠とともに進言して，校長の判断材料にしましょう。

それでも，校長が「いや，○○だから，こちらの方がよい」という考えであれば，それに従います。そういう考え方もあるのだ，ということを学ぶことができます。

先ほど列挙した，いろいろなタイプの校長にも，それぞれ "こだわり" がありました。

ある方は「相手の名前はフルネームで呼ぶことが誠実さの表れだ」として，あらたまった場で名前を呼ぶときには必ずフルネームで呼ばれていました。

ある方は，校長でありながら掃除時間には丁寧に廊下や玄関を子どもと一緒に掃除していました。

どの校長からも，学ぶものがあるはずです。

その学びは，教頭としても，将来校長になってからも，役立つものです。

職務上のことでも，人間としてでもかまいません。ぜひ，あなたの勤務校の校長の，なにかしら "盗める" 部分を探しましょう。

職員室経営1

職員の組織理解―3つの視点から見た職員室経営

あなたの学校の職員は，自分たちが組織の一員として動いていることを理解しているでしょうか？
学校が組織として機能するように，3つの視点から職員室経営を考えましょう。

学校は組織だ！

当たり前の話ですが，学校は組織体です。

しかし，初任者や若手職員は「学校は組織として動いている」ということが実感できていないのではないでしょうか。学校が民間企業のようなピラミッド型の組織ではないため，仕方がない面もあります。

そこで，職員に「学校は組織だ」ということを理解してもらう"組織理解"が必要です。例えば，「群れ」「集団」「組織」はそれぞれどう違うのか，初任者や若手職員に問うてみてもよいでしょう。例えば，次のようにです。

群れ：たまたまそこに集まっているだけ。
集団：共通の目的のために集まっている。多少は役割分担もある。
組織：共通の目的のために効率的に役割分担をする。計画－実践－反
　　　省・分析－改善のサイクルがある。組織間で情報を伝達するシス
　　　テムがある。

こうしてみると，組織にとって大切なことが見えてきます。

何のためにやるのか

　組織には，共通の目的があります。

　学校でも日々の活動や学校行事には目的（目標）があります。

　しかし，それを意識せずに行っている職員もいます。

　「何のためにやるのか」を意識していないと，その活動で子どもを成長させることはできません。

　朝の会にしても掃除にしても修学旅行にしても，「何のためにやるのか」という目的意識を忘れないように職員に伝えましょう。

　それがないと，次のようになってしまいます。

　「全国学力・学習状況調査で，0.1点でも平均点を上げるぞー！」

　……あれ，平均点や学校の順位を上げることがこの調査の目的だったのでしょうか？

　全国学力・学習状況調査は，

　「（前略，辻川）全国的な児童生徒の学力や学習状況を把握・分析し，教育施策の成果と課題を検証し，その改善を図る」

という目的を達成するための手段です。

　しかし，「平均点を0.1点でも上げる」ことが目的になっていることが多いのではないでしょうか。

　「何のためにやるのか」という**目的意識があいまい**だと，いつの間にか**手段が目的化**してしまうことがあります。

　学校では日々の忙しさの中で，目的を考えずに惰性で活動していることが実に多いのです。

　すると，組織は間違った方向へ動き始めてしまいます。

　そうならないように，

忘れられがちな共通の目的を職員に思い出させたり，普段から意識させたりすることが教頭の役割です。

活動や行事の前には「何のためにやるのか」を再確認して，目的と手段を混同しないようにさせましょう。

縦と横の報・連・相でコミュニケーションを図る

　『広辞苑』には，「組織」の２番目の意味として「織物で緯（よこ）糸と経（たて）糸とを組み合わせること」とあります。

　組織間のコミュニケーションも，縦と横のコミュニケーションが必要です。

　教室では毎日，子どものトラブルや保護者とのやりとりが展開されていますが，保護者はそれを管理職が当然知っているものと思っています。

　保護者から尋ねられたときに，管理職が「何のことでしょう？」と答えていたら「管理職が知らないのか」などと信頼を失いかねません。

　そうならないように，日頃から報・連・相—言わずと知れた「報告・連絡・相談」の重要性を（特に若手の）職員に意識させます。

　職員から管理職への"縦の報・連・相"があれば，適切な助言や早期対応ができて，問題を最小限に抑えることができるかもしれないのです。

　また，普段から，学年主任や同学年と情報を共有したり，各主任に相談したりするなどの"横の報・連・相"をしておくと，いざというときにチーム（組織）での対応がスムーズにできます。

　組織として素早く適切に対応するためにも，"縦と横の報・連・相"で情報を共有することが大切です。

でも，「報・連・相をしたら怒られた」のでは，誰もしなくなります。

「職員の報・連・相ができていない」となげいている管理職は，自分の態度をふり返ってみた方がよいかもしれませんね。

役割分担と役割以上――一人ひとりの「プラス1」

　組織は，共通の目的のために役割分担をしています。

　学校でいえば，学級担任として子どもたちを，校務分掌でいろいろな仕事を分担しているのです。

　組織として，自分に任された役割は責任をもって行うことを教えましょう。

　しかし，次のような「役割以外」のことを自主的に行う職員もいます。

「定期的に玄関に花を飾る」

「トイレが汚れていたら，自主的にトイレ掃除をする」

「初任者が事務仕事で困っていたら，声をかけてやり方を教える」

　このような，本来の役割にとどまらない「役割以外」，いや「役割以上」のことをやってくれる職員がいるおかげで，学校がうまく回っています。

　サッカーでいうと，自分のポジションやマークする相手だけを担当するのではないことと同じです。一見，自分の役割ではないことをやることが，結果的に自分にとっても役立っているのです。

　「役割をおろそかにしてたらゲームは成り立たない　でも組織として差が出るのは　個々がどれだけ役割以上のことが出来るかだよ」達海猛

　　　　　　　　　　　ツジトモ著『GIANT KILLING』132話，講談社

　これは，教頭にとって他人ごとではありません。

　教頭だって，「朝，玄関を掃く」などのちょっとした「プラス1」ができるはずです。教頭が動くからこそ，職員も動きます。

　「プラス1」をする職員が2人，3人と増えていけば，学校全体にとって大きなプラスになるのです。

03 職員室経営2

教頭の職員理解―"理"と"情"の職員室経営

職員室には様々な性格や特性の職員がいます。
教頭がその職員のことを理解して職員室経営に生かすことが
大切です。
ただし，ときには毅然として対処すべき場合もあります。

職員室の人間関係

　全国の副校長・教頭の74.9％が，「主に時間と労力を費やしている職務」
として，次のことを挙げています。

> 職場の人間関係（教職員の相談に応えることを含む）
> 　　　　「全国公立学校教頭会の調査―令和３年度―」全国公立学校教頭会

　順位的には８番目ですが，７割以上の教頭が，職員室の人間関係の対応に
多くの時間と労力を費やしていることがわかります。
　たしかに，職員室経営で教頭が困るのは職員室の雰囲気や人間関係が悪く
なってしまうことです。
　職員室には，それぞれ性格や経験，家庭の事情や年齢層など，まるで異な
る人間が集まっています。それだけ様々な人間がいれば，意見や相性が合わ
ない相手がいるのは仕方がありません。
　しかし，それが行き過ぎると孤立したり精神を病んでしまったりすること
もあります。同じ顔ぶれで過ごすうちに，ちょっとしたほころびが次第にエ

スカレートしてしまうのです。2019年には，教師間のいじめが大きく報道された
れたこともありました。

　それを未然に防ぐには，普段から教頭が職員のことを日常的によく観察し，
理解することが不可欠です。

> 　職員に組織理解をしてもらうだけでなく，教頭が職員一人ひとりを理
> 解する「職員理解」が職員室経営には大切なのです。

職員理解で安心できる職場をつくる

　教頭になると，職員の様々な家庭環境や健康問題を知ることになります。
意外にも多くの職員が，家庭や健康で問題を抱えているのです。

　一人ひとりの事情を知ることで，受験生がいる職員には受験日や卒業式に
休みをとることをすすめたり，病気を抱えながら勤務している職員の顔色が
悪ければ年休をとってはやめに帰宅するよう促したりすることができます。

　最近は若い職員も増えてきて結婚・出産する同僚も見られるようになりま
したが，妊娠している職員は自分から「私は妊婦なので配慮してください」
とは言いにくいものです。

　そこは教頭が，重い荷物を運んだり炎天下のプールで指導したりしないよ
うに周りの職員に声をかけ，全職員で子どもを安心して出産できるようにす
る配慮をしておくのです。

　一人ひとりが抱えている家庭環境や健康問題，体調への配慮のなさが，雰
囲気や人間関係の悪化につながることもあります。

> 　職員の家庭環境や健康面，体調などの職員理解をして，職員が安心し
> て勤務できる体制を整えましょう。

毅然とした指導で心理的安全性を保つ

　ジャパネットホールディングス代表取締役社長兼 CEO の髙田旭人氏は，次のように述べています。

　人間の強みは「慣れる」ことであり，人間の弱みは「狎れる」ことだと思います。

髙田旭人著『ジャパネットの経営』日経 BP，2020年

　「慣れる」は「何度も経験するうちに，そのことがうまくできるようになる。習熟する」という意味です。「狎れる」は「親しくなりすぎて，礼儀をわきまえない態度になる。なれなれしくなる」という意味です。(『明鏡国語辞典』より)

　職員室の人間関係にも，次第に「狎れ」が生じます。例えば，冗談が過ぎてハラスメント的な発言になったり，保護者やその場にいない職員の悪口を言いだしたりすることがあります。このようなことを年上の職員がやってしまうと，年下の職員は「やめて」とは言いづらいものです。

　職員室の雰囲気や人間関係の善し悪しを決めるものは，職員一人ひとりの人権意識です。

　だから，教頭がアンテナを張っておくのです。アンテナに引っかかったら，「それは言いすぎです」「それ，セクハラですよ」などと釘を刺します。

　続くようなら，校長室で校長と共に指導しましょう。

　放置していると，あっという間に雰囲気も人間関係も崩れてしまいます。

　職員室経営には，職員に寄り添う“情”も必要ですが，「なぜそうするのか」「なぜだめなのか」を毅然として指導する“理”も不可欠です。

それでこそ，職員室の心理的安全性が保たれます。

こだわりの強い職員を理解する

職員室には，様々な性格や，得意・不得意分野のある職員がいます。

例えば，同時に複数のことに対処することが苦手な職員。

例えば，急な予定変更や，予定外の出来事が起こると混乱する職員。

例えば，よかれと思ってその職員の手伝いをしたのに，「勝手に手を出された」と不満をもってしまう職員。

極端に強いこだわりは，性格というよりその職員の特性と認識した方がよいでしょう。

周りの職員は「なぜ？」と不思議に思いますが，そういう特性なのです。

おだやかな声と表情で，前もって説明しておけば対応できるのですが，その理解がないと「あなたが悪い」とその職員を責めてしまいがちです。本人も困っているのに，管理職からも否定されてしまうと，さらに苦しめてしまいます。そのような職員は孤立しがちですが，周りの理解や支援があればなんとかやっていけることも多く，だからこそ職員理解が大切です。

他の職員にも事情を話して，理解を求めておきましょう。

> 職員の特性（こだわり）を理解することで，本人に配慮したり事前に他の職員へ注意を促したりすることができます。

なお，子どもに対してもうまく対応できないことがあるので，校内人事の配慮やフォローも必要です。

ただし，かなり以前の他校の話ですが，教員としての職務の遂行が難しかった職員が，校長のすすめで転職した事例もあったそうです。

どうしても勤務が苦しい，難しいという場合は，病院の受診や転職をすすめた方がよい場合もあります。

04 支援員（サポートスタッフ）

担任と支援員，それぞれの立場に立って配慮と調整をする

支援員は職員の負担を減らすありがたい人材ですが，相手の
立場や思いに気づきにくい面もあります。
双方の立場に立ってマネジメントする教頭の役割が重要です。

多種多様な職員がいる職員室

　今の時代，学校にはいわゆる正規の教職員以外にも，多種多様な職員がい
ます。私の勤務校にも，町が雇用している学習支援員，特別支援教育支援員，
図書館司書補助，用務員などがいます。

　他にも，地教委に籍があり，定期的あるいは必要に応じて勤務する ALT
や ICT 支援員，SC（スクールカウンセラー），SSW（スクールソーシャル
ワーカー），大学から派遣される SV（スーパーバイザー）などもいます。

　自治体によって予算の都合上，人数や勤務日数などに違いがありますが，
サポートしてくれる人材や専門職がいることは大変ありがたいことです。

　しかし，短時間勤務なので担任との打ち合わせの時間がとれず，立場の違
いもあって担任との思いのズレも生じます。そのズレを調整するために，教
頭のマネジメントが重要になります。

　ここでは，特に担任とかかわることの多い，授業のサポートを行う学習支
援員や特別な支援を要する子のサポートを行う特別支援教育支援員（スクー
ルサポートスタッフ，学習指導員など，自治体によって様々な名称がありま
すが，以下，まとめて「支援員」と表記）との連携について述べます。

連絡・提案内容の周知

　みなさんの学校には，支援員はどのくらいいるでしょうか？

　私の勤務校には，8人の支援員がいます（学習支援員5人，特別支援教育支援員3人）。勤務時間は，3〜5時間／日と，人によって違います。

　子どもがいる時間帯のみの勤務なので，職員会議などには参加しません。

　提案文書はパソコンの画面上で検討されるのですが，支援員はパソコンを配当されていないので，提案文書を見ることができません。

　それなのに，行事などで支援員に役割が分担されていることがあります。

　本来は担当が伝えないといけないのですが，忘れられていることも多く，そうなると連携の不備が起こりやすくなります。

　突然交通安全教室が始まり，「担当の場所で子どもたちの横断を見ていてください」と言われても，支援員はどこへ行けばよいのかわかりません。

　修学旅行の作文を書かせる際に，「○○さんに作文を書かせてください」と言われても，支援員は修学旅行に行っておらず，見学先を知らないので助言のしようがありません。

　「担任が知っていることは知っていて当然」という前提で子どもの支援を頼まれても，どう動けばよいのかわからないのです。

　これでは，支援員は自分たちはないがしろにされていると感じてしまいます。大変失礼な話です。このような状態で，適切な支援ができるわけがありません。そのため，私が赴任した学校では，

　教務主任は毎週の週行事計画案を，各行事の担当は提案文書を，支援員用のボックス（棚）に必ず入れるようにしています。

　支援員も学校のチームの一員です。支援員の立場に立って，連絡・提案内容はきちんと周知し，指導方針を共有できるようにしておきましょう。

勤務時間への配慮

　前述のように，支援員の勤務時間は他の職員と異なります。

　私の勤務校では，同じ支援員であっても，人によって4時間目までだったり6時間目までだったりと勤務時間が違うのです。

　そのため，支援員一人ひとりの勤務時間が職員に浸透せず，支援員が帰る直前に作業を頼んだり，雑談を始めたりする職員もいます。

　その作業は急ぎで必要なことなのかもしれないし，普段会話をする機会が少ない支援員と親交を深めようとしているのかもしれません。

　しかし，支援員にも予定があります。午後から他の仕事をしていたり，自宅にいる老父母の昼食をつくったりしている人もいます。

　他にも，様々な事情を抱えている支援員もいるのです。

　そのようなときでも，弱い立場にある支援員の方から「用事があるので帰ります」とはなかなか言えません。

　そのような立場や勤務時間の違いに気づいていなかったり忘れたりしている職員が多いのです。

　だからこそ，教頭は支援員の立場に立って，職員に指導しておかねばなりません。例えば，次のようなことです。

・支援員の勤務時間を記した一覧表を職員室に掲示する
・年度はじめや学期はじめなどの節目に支援員に勤務時間を超える作業を頼まないように職員に周知する

　支援員の中には「少しくらい（勤務時間を）過ぎてもいいですよ」と厚意で言ってくださる方もいますが，常態化すると職員がそれを当たり前と考えるようになったり，他の支援員が帰りにくくなったりしてしまいます。

　支援員の厚意に感謝しつつも，時間になったら退勤を促しましょう。

「優先順位の確認」と「指導方針の共有」

　私の地区では，基本的に支援員には転勤がなく，同じ学校に何年も勤務します。一方，職員は数年で転勤し，入れ替わります。

　転勤したばかりの職員や特別支援教育に不慣れな職員が，特別支援学級や特別な支援を要する子の担任になることもあります。

　すると，担任よりも支援員の方が子どもの扱い方がわかっているということになります。このことは転勤したばかりの職員や不慣れな職員にとって，情報を教えてもらえるのでありがたいと思われるかもしれません。

　ところが，以前から子どものことを知っている支援員が，「去年はこうしていた」と助言をするだけではなく，「そのやり方はおかしい」「去年の担任の方がよかった」などと，過去の担任と比較して現担任に不平不満をもつことがあります。

　担任は担任で，前年度のやり方を教えてもらった上で，自分なりのやり方で進めたいという思いもあるでしょう。以前のやり方を押しつけられると，担任だってやりにくいものです。

　どちらも子どものためにという思いはあるのですが，担任と支援員の関係が悪くなれば，子どもへも悪影響を与えます。

　そうなる前に，今度は担任の立場に立って，支援員に指導をします。

　もちろん，担任によって経験の有無や技量の差がありますが，あくまでも担任の指導方針を優先・尊重してもらうのです。

　年度はじめに，職務内容や守秘義務などの確認とともに，

情報提供はしてもらうが，あくまでも担任の指導方針を優先・尊重する

という方針を共有しておくのです。その上で，担任の指導技術に問題があれば，管理職から指導するようにしましょう。

05 人材育成

「受動的な学び」から「能動的な学び」へ

若手職員やミドルリーダーを育てる人材育成は，組織の質を維持・向上させるためにも重要です。
研修プログラムが組まれていますが，それだけでは十分ではありません。

人材育成，2つの視点

「道徳授業をどうすればいいかわからないんですが……」

「じゃあ，一緒に考えようか」

担任時代，初任者とのこのような会話がきっかけで，校内で学習会を立ち上げたことがあります。他の職員にも声をかけ，教員1〜5年目の若手職員に数人の中堅職員も加わり，7〜8人で月に1回程度，「道徳CLUB」という校内サークルのようなものをしていました。

交替で2〜3人ずつ授業プランや実践を発表して他の職員が意見や代案を述べたり，ゲスト講師としてベテラン職員に得意分野の教科についての講義や模擬授業をしてもらったりと，なかなか充実した学習会でした。

教頭1年目に赴任した学校でも，若手職員から「道徳を教えてください」と依頼されました。道徳CLUBのことを聞いていたのかもしれません。もちろん快諾し，その職員の道徳授業を毎週参観して，放課後にふり返りをしながらよい点，悪い点を指摘したり代案を示したりしました。

他にも声をかけましたが，ここでは集まらなかったので2人で細々と続けていました。どちらも私的な有志の学習会なので，学んでも学ばなくても自

由なのです。しかし，次のような場合はそうはいっていられません。

「初任者の学級が荒れている」

「○○先生の授業は，ちょっと見ていられない」

「○○先生が転勤したら，ICT にくわしい職員が誰もいない」

このように，職員のことで困っていたり，組織のバランスがとれていなかったりすることがあります。そうならないように，組織として長期的な視野で人材育成を図る必要があるのです。

人材育成には，OJT と OFF-JT という２つの視点があります。

OJT とは「On-The-Job Training」の略で，職場内で日常の職務に必要な知識やスキルを，先輩や上司が実際の職務の中で学ばせながら育てていくことです。

OFF-JT とは，「OFF-The-Job Training」の略で，職場を離れて，都道府県の教育センターなどが企画した研修プログラムで育てるものです。

OJT―日常の中で育てる

小学生のサッカーやバレーボールのチームを指導していたことがあります。

指導者として基本的なことを教えますが，私だけではなく，練習や試合の中で同じポジション同士や先輩・後輩の間で教え合っていました。自然にそうなることもあれば，意図してそのような時間をつくることもありました。

これは，いわゆる OJT にあたるものでしょう。

学校の現場でいえば，若手職員がベテラン職員とペアとして組むことで，ベテランのやり方を見たり，直接教えてもらったりすることになります。

しかし，特定の学年や校務分掌ばかり受け持つと偏った経験しか積めないので，若手職員にはバランスよく学年や校務分掌を経験してほしいものです。

ペアを組むベテラン職員の意識も重要です。

「よかれと思って」「自分がした方がはやいから」といってかわりにやってしまうと，その職員の成長の機会を奪います。特に，子どもたちの前で主導権を奪うことは，子どもたちに「この先生はだめな先生なんだ」と教えるヒドゥン・カリキュラム（隠れたカリキュラム）となります。

　また，若手職員だけでなく，主任クラスの職員も育てなければなりません。

　副主任として主任に学ばせたり，主任に抜擢して一気に経験を積ませたりすることもあります。組織の質を維持・向上させるために，管理職が先を見通して職員を配置していく必要があります。

▌OFF-JT―研修会で育てる

　ジュニアのスポーツクラブには，その地域の協会が企画したアンダー○○などの育成プログラムがあります。また，定期的にJリーグやVリーグの選手が教えるイベントに参加させることもあります。普段とは違う環境で専門的に教えてもらうと，大変刺激になります。

　スポーツと教育の分野では多少違う部分もありますが，これらはいわゆるOFF-JTにあたるものでしょう。学校でいえば，経年研修や特定の課題（学力向上やICT教育など）に特化した研修などにあたります。校内の職員ではなかなか教えられない，専門的な内容を学ぶことができます。

　数年先を視野に入れて，意図的に「この分野に長けてほしい」というものを学ばせることができます。2章「出張・休暇の管理」にも書いたように，管理職としては「先を見越した組織づくり」のために活用したいものです。

　もっとも，OJTにしてもOFF-JTにしても，本人に「成長しよう」「力をつけよう」という意識がなければ，うまくいきません。

　“人が育つ”のはシステムではなく，結局は本人の意欲による部分が大きいのです。

「外」に学ぶ場をもつ

　小学生のサッカーやバレーボールクラブの子たちの中でも，上手な子たちは「それ以外」に成長する場をもっています。

　帰宅後や休日に兄弟や保護者と一緒にボールを扱う練習をする。遠くまで好きなチームや選手の試合を見に行く。録画した優れたプレーを何度も何度も見返してまねをする，等々……。

　負けてくやしい思いをしたりレギュラーになりたいと思ったりして，チームの「外」に学ぶ場を求める子は成長もはやくなります。

　私自身をふり返ってみると，教員２年目に女子グループの荒れに困り教育雑誌や教育書を読みまくりました。４年目に体育主任になったときには，月刊誌『楽しい体育の授業』（明治図書）の裏表紙に載っていた大阪の体育セミナーに長崎から参加しました。そうこうするうちに同じような意識の方と知り合い，サークルをつくり，定期的に学習会をするようになりました。

　自分自身が一番成長できたのは，このような「学校外」での学びです。それは，必要に迫られて自ら動いた能動的な学びだったからです。学校外ではありませんが，冒頭の道徳 CLUB などはまさにそのような能動的な学びの場でした。

　では，校内の OJT や官製研修などの OFF-JT は無駄なのでしょうか？いいえ，そうではありません。

　職員が，普段から授業づくり・生徒指導など，様々な"問題意識"をもっていれば，どのような内容の研修にも能動的に取り組むことができます。

> 職員に対して，いかに"問題意識"をもたせることができるか。
> そして，「受動的な学び」を「能動的な学び」へ変えることができるか。

　これは，我々管理職側の課題なのです。

06 職員室通信

３つのルールでゆる〜い職員室通信を

職員向けに職員室通信（職員通信）を発行している管理職もいます。
「上意下達型」「気づき促進型」「学校行事広報型」など様々ありますが，みなさんならどんな通信を出しますか？

職員室通信３つのルール

　私は，担任時代は学級通信を，専科のときには専科通信を，社会体育（部活のようなもの）でジュニアバレーボール部の監督をしていた頃はバレー部通信を，初任者指導員のときには初任者通信を発行していました。

　我ながら，通信を書くのが好きなんだなあ，と思います。

　教頭になったときには，当然のごとく職員室通信を出そうと考えました。

　目的は，教頭の考え（校長の考えを含む）を伝えたり，職員に授業づくりや学級づくりへの気づきを促したりするためです。

　しかし，職員室通信の読者は職員です。内容云々の前に，"上司が部下に読ませる通信"をどれだけ読んでくれる職員がいるだろうか？と思いました。これまでにも教頭先生や校長先生が出していた通信を拝読したことはあります。いいなあと思うものもあれば，管理職からの「圧」を感じるものも……。そこで，次の「３つのルール」を決めて書くことにしました。

> １つ目は「小さい文字でぎっしり書かない」ことです。

管理職には多くの情報が入ってきます。職員に言いたいこと，伝えたいと思うことはたくさんあります。

だからといって，細かい文字がぎっしり詰め込まれた通信はうんざりしてしまいますよね。

「行数少なめ，文字大きめ（12ポイント），できるだけ写真・イラストを入れる」ようにして，読みやすい通信にすることを心がけました。

2つ目は「押しつけがましい内容にしない」ことです。

経験豊富な管理職からの通信は"上から目線"で書かれることもあります。ありがたい内容なのかもしれませんが，あまりにも「こうしろ」「こうあるべき」というご立派な内容ばかりだと，うんざりしてしまいます。

とはいえ，なんらかの啓発を促すものでなければ，出す意味もありません。

そこで私は，漫画や小説，ドラマや映画などのセリフ，実在の有名人の発言などを引用しながら，"ゆる～い"通信にすることにしました。（本書も，教頭向けにしては"ゆる～い"本になっていますが……）

3つ目は「乱発しない」ことです。

意欲満々な管理職は，バンバン通信を発行します。ときには，毎日……という方も。意欲はわかりますが，職員はそんなに暇ではありません。

「教頭先生の通信，もっと読みたいです！」なんていう職員の言葉を真に受けてはいけないのです（初任者通信を1年間，毎日出していた自分自身への反省です）。多くても，週に1回程度でよいのではないでしょうか。

以上の3つのルールは，あくまでも私のやり方です。違うやり方の職員室通信を否定するものではありませんので，念のため。

次ページから，私が書いた通信を紹介します。

川棚町立小串小学校
職員室通信

SPICE

令和3年5月17日
No.7

文責　教頭　辻川和彦

※前号の答えです。「整理」も「整頓」もどちらも乱れた状態を整えるという意味がありますが，「整理」には「取り除く，捨てる」という意味が含まれます。（正解者2名！）

ドアにノック

■今年の春ドラマ，何を見ていますか？
5月14日現在で調べた春ドラマの視聴率ランキングBEST5は右のような順位になっています。→ → →

第1位	ドラゴン桜（TBS）	平均視聴率13.8%
第2位	イチケイのカラス（フジテレビ）	平均視聴率12.5%
第3位	桜の塔（テレビ朝日）	平均視聴率10.5%
第4位	ネメシス（日本テレビ）	平均視聴率 9.2%
第5位	リコカツ（TBS）	平均視聴率 8.9%

　私の好きなドラマは残念ながら5位以内にランクインしていません（T_T）。私が一番好きなドラマは……『コントが始まる』（日本テレビ，平均視聴率8.0%，ランキング第7位）です！　菅田将暉，神木隆之介，有村架純などが出演しているドラマです。主人公たちは3人組のコントグループで，毎週，テーマに関連したコントを披露してくれます。

　第3話では，主人公の高岩春斗（菅田将暉）に引きこもりの兄がいることがわかります。朝吹瞬太（神木隆之介）が春斗に，兄に電話をするようすすめると，「なんでだよ，昨日，無視されたばっかだぞ」と言う春斗。すると……。

「"ドア"をノックし続けることが大事なの。
　着信履歴はね『心配しているよ』っていうメッセージなんだよ」　　　朝吹瞬太
　　　　　　　　　　　　　　　　　　　　　　　　　　（『コントが始まる』第3話）

　そのノックが功を奏して，お兄さんが部屋から出てくる，という展開です。
　現実はそんなにうまくいかないでしょうが，本校にもノックが必要な子たちがいます。それは学校に来れない子や教室に入れない子たちだと思われがちですが，教室にいる目立たない子の中にもそういう子がいるのではないでしょうか？
　ノックに反応しなかったり，期待どおりの反応ではなかったりすることもありますが，それでも"ノックを待っている"子もいるかもしれませんね。もちろん，ノックの仕方も様々でしょう。どんなドアにどんなノックをするかは……先生方次第です！

川棚町立小串小学校
職員室通信

SPICE

令和3年6月8日
No.10
文責　教頭　辻川和彦

貰う側から与える側へ

■寺澤先生に『52ヘルツのクジラたち』という本をお借りして読みました。児童虐待を扱った物語で，虐待児童の心理やそのような子にかかわる様々な障害や手続きも取り上げられています。以前紹介した『推し，燃ゆ』もそうですが，題材に今どきの教育課題が扱われていて驚きます。それだけ日常的になってしまったと思うと複雑ですが，イチオシの本です。作者の町田そのこさんのインタビュー記事も見つけたので，こちらもどうぞ。

「52ヘルツのクジラたち」町田そのこさんインタビュー　虐げられる人々の声なき声をすくう｜好書好日（asahi.com）

■来週は水泳が始まりますね。プール掃除も終わり，青々としたきれいな水がはられています。あらためて，プール掃除，お疲れ様でした。
　先日，スマイル学級の学級通信に，高学年がプール掃除をがんばったこと，いずれは低学年もしてあげる側になってがんばってほしいことが書かれていました。
　それを読んで，そうだな，プール掃除に限らず，集団登校でも行事の準備でも，学年が上がるにつれて「してもらっていた子」たちが「してあげる側」になるんだな，とあらためて思いました。そうしていく中で，責任感や愛校心なども育つのでしょう。
　これは高学年と低学年という関係だけでなく，親と子，先輩と後輩など，どんな集団にもいえることですね。私も，今までの管理職の先輩にしてもらっていたことを職員のみなさんにできるようにがんばります。

> 「ひとというのは最初こそ貰う側やけんど，いずれは与える側にならないかん。
> 　いつまでも貰ってばかりじゃいかんのよ」　　　　　　　　　　　　村中サチゑ
> 　　　　　（町田そのこ著『52ヘルツのクジラたち』中央公論新社，224ページ）

川棚町立小串小学校　　　　　　　　　　　　　　　　　　令和3年11月29日
職員室通信　　　　　SPICE　　　　　　　　　　　　　　　　No.25
　　　　　　　　　　　　　　　　　　　　　　　　　文責　教頭　辻川和彦

どうしてルールは守らないといけないのか

■ある新人女性警察官が，交通安全教室で子どもに「どうしてルールは守らないといけないんですか？」と質問されました。先生方なら，どう答えますか？

　その女性警察官は，かつてある泥棒に「泥棒をする町はどうやって決めるのか？」と聞いて教えてもらったことを話します。

　泥棒がねらうのは，「子どもが自転車の二人乗りをしているのをよく見る町」だそうです。

　ルール違反ができるということは，周りの人が注意しない町ということだから，泥棒みたいな悪いことをしやすい環境なのだそうです。

　逆に「あいさつが活発な町」は，地域の人の自分たちの住んでいる環境への関心が高いから，顔を覚えられるといけないので悪いことを避けるそうです。

■このように答えた女性警察官は，『ハコヅメ～交番女子の逆襲～』という漫画（7～9月には永野芽郁さん主演でTVドラマにもなりました）の主人公です。

　漫画の話と侮るなかれ，作者は10年務めた元女性警察官で，自身の経験をもとにした作品だそうです。

　周りから「ここはルールが守られていない町なんだ」と見られることが危険につながるという視点は，さすが元警察官です。

　子どもは注意をされると嫌がるでしょうが，注意をされないということは「関心をもたれていない＝大切にされていない」ということであり，悪い人につけ入るスキを与えることにもなるということです。遠慮なく注意しましょう！（※暴言注意）

　小串小校区だけでなく，川棚町全体が「他人に関心をもつ」安全な町になるようにしたいですね。

> 「みなさんが守るひとつひとつの小さなルールは確実にこの街を守っているんです」
> 　　　　　　　　　　　　　　　　　　　　　　　　　　　　　　川合麻依
> 　　　　　　（泰三子著『ハコヅメ～交番女子の逆襲～』講談社，第1話）

4章

学校行事の実務

01 入学式・卒業式

地域と学校をつなぐ教頭の実務

入学式や卒業式は，子どもたちや保護者にとって節目となる
大切な行事です。
来賓に関する様々な実務もあります。
入念にチェックして，間違いのないように行いましょう。

来賓・保護者に関する実務

入学式と卒業式。

「学校教育の入口と出口」という真逆の性格をもちながら，教頭の実務としては共通するものが多い儀式行事です。

子どもや保護者にとっては節目となる大切な行事なので，厳かな雰囲気であたたかく新入生を迎えたり，卒業生を送り出したりしたいものですね。

しかし，教頭にとっては式そのものよりも，その前後にこそ重要な実務があります。それは，来賓・保護者に関する実務です。

2月末のある日，近くの児童養護施設の職員から電話がありました。

「卒業式の案内をいただいたのですが，理事長名が前任者のままだったのでお知らせを……」

（しまったー！）

その施設の理事長は，4月に替わっていたのでした。

学校やこども園などの校長名・園長名は確認していたのに，児童養護施設の理事長名の確認を失念していたのです……。慌ただしい3学期ですが，こんな失礼なことをしないようにしなければなりません。

入学式や卒業式に関する教頭の実務には，次のようなものがあります。

【式前】式次第作成，横看板作成，案内状発送，要覧作成，
　　　　受付名簿作成
【式後】御礼状発送

まずは，案内状の発送です。入学式や卒業式に案内状を出すのは，地域の名士や普段お世話になっている方々です。

市（町）長，教育長，市（町）議会議員，近隣の学校長，園長……
PTA 会長，学校運営協議会メンバー，見守りボランティア……

招待状のリストがあるはずですが，私のような失敗をしないために，校長・園長などの役職が別の人に替わっていないかを確認しましょう。

コロナ禍のため来賓を呼ばない場合でも，「来賓は呼びません」という旨をお知らせする文書は発送しなければなりません。

卒業式の場合は，前年度に転出した職員に案内状を出します。

地域によっては，卒業生が1～5年生時のすべての担任へ案内状を出すこともあるので，名前や現在の勤務先を調べておきましょう。

式辞・告辞・祝辞

市（町）長，教育長，PTA 会長に出す案内状には，式であいさつをしていただくようにお願いを入れておきます。次のような文言です。

　……なお，来賓を代表されまして，卒業生への御祝辞を賜りますよう併せてお願い申し上げます。

ここには祝辞と書かれていますが，式次第には他に式辞・告辞などの"儀式用語"があります。それぞれ，次のように使い分けます。

式辞：学校代表者（校長など）が述べるお祝いの言葉
告辞：管理者（公立学校の場合は教育委員会）が述べるお祝いの言葉
祝辞：来賓（PTA会長や市（町）長）が述べるお祝いの言葉

　案内状に書く際，相手によって間違えないようにしなければなりません。
　どう違うのかを知らなかったり，意識していなかったりする職員もいますが，案内状を出す立場になれば知らないではすまされません。

教頭なら，"儀式用語"を意識して使い分けましょう。

　なお，校長の式辞は必ず式に入れますが，告辞や祝辞は学校の判断で行わないこともあります。ここ数年は，新型コロナウイルス感染症の拡大防止のためにとりやめている学校も増えています。

要覧の名前には細心の注意を！

　入学式や卒業式では，式の当日，会場に来た保護者・来賓に入学式要覧や卒業式要覧を渡します。要覧とは，「事柄の大要をまとめて見やすくした文書」（『広辞苑』より）です。
　式次第をはじめ，式の主人公である子どもたちや職員の紹介，学校沿革史，校歌などが掲載されています。
　手にとった保護者が真っ先に見るのが，我が子の名前です。
　その名前が間違っていたら，学校に対するイメージは最悪です。要覧作成にあたっては，次のようなことを，事前に担任や保護者と入念に確認しておかなければなりません。

- ・誤字脱字や名前順の確認
- ・旧字体，外字などの確認
- ・外国名の場合，アルファベット表記かカタカナ表記かの確認
- ・特別支援学級の子どもをどこに入れるかの確認

　子どもの名前以外にも，職員名や担当（学級）名も掲載します。回覧して，ミスがないか職員にも確認してもらいましょう。

"認められてこそ" の儀式行事

　若い頃は「どうして，わざわざ来賓を呼ぶのだろう？」と思っていましたが，今はわかります。入学式や卒業式など，子どもの成長の節目となる儀式には，「地域の大人に認められる」という要素が必要なのです。

　単に年齢を重ねたからではなく，本来はそれにふさわしく成長したと周りから認められてこそ，入学や卒業ができるのです。（制度的には，その年齢になれば自動的に入学や卒業ができるのですが……）

　保護者や学校職員も立ち会いますが，あくまでも身内です。成長を認めてくれる外部の存在，それが地域から招く来賓なのです。

　ここ数年，新型コロナウイルス感染症拡大防止のため，来賓を呼ばないことも多くなりました。来賓の方々には高齢者も多いので，コロナ禍で学校に招くのは難しいことは重々わかっていますが，残念でなりません。

　後日，無事に式を終えたことを，御礼状として式の写真とともに送付している学校も多いのではないでしょうか。

　"子どもたちの成長を認める存在" である地域と学校をつなぐ教頭の実務は，大変重要なのです。

02 授業参観

授業参観で３つのチャンスを生かす

授業参観における教頭の実務は少ないですが，せっかく保護者が来校する機会です。
ちょっとした担任への意識づけや教頭自身の心がけで，有効に活用することができます。

教頭にとっての授業参観

授業参観。

担任にとっては一大イベントですが，教頭は直接授業や懇談会にかかわることはありません。

実務もそれほど多くはなく，期日や時間帯を知らせるプリントを配付したり，メールの送信をしたりするくらいでしょうか。

私の勤務校では，年度はじめに１年間の授業参観の日程を知らせるプリントを配付し，あとはそれぞれの授業参観日の前月に再度くわしく知らせるプリントを配付しています。

もっとも，コロナ禍で授業参観が頻繁に中止や延期になっており，その対応で忙しくなることはありました。（もう慣れましたが……）

では，教頭にとって授業参観は実施や中止の連絡だけかというと，そうではありません。コロナ禍で行事が減ったり来校者を制限したりする中，せっかく多くの保護者が来校するのです。

授業参観は"３つのチャンス"を生かすよい機会です。

このチャンスを，最大限に有効活用しましょう。

学校の魅力を伝えるチャンス

　授業参観は，「保護者に学校の魅力を伝えるチャンス」です。

　学校の魅力とは，何でしょう？

　それは，まず「担任の授業」です。子どもが活躍したり，深く考えたりすることができる授業は保護者にとって魅力そのものです。

　ただし，魅力的な授業になるかどうかは担任の技量にもよるので，担任がどんな授業をするのか知らないと不安ですよね。放課後などに，どんな授業をするつもりなのかさりげなく担任に聞いてみましょう。

　「ちょっと心配だな」と思われる担任には，少しくわしく尋ねておいた方がよいでしょう。何か手立てがあればよいのですが，ノープランであれば「最初はグループで話し合わせては？」「ノートに意見を書かせてから発言させよう」など，少しでも魅力が高まるように助言しておきます。

　次に，「懇談会」です。

　懇談会で，子どもたちのがんばりを具体的に伝えます。

　担任には，できれば，「モノ」を用意しておくことをすすめておきます。

　例えば，子どものがんばりがわかる動画や行事の写真などを用意しておくと，「懇談会に参加してよかった」と思ってもらえる魅力的な懇談会になります。

　そして，担任を含めた「職員」です。

　職員に，努めて「明るく」「元気に」「笑顔で」あいさつをしたり話したりするように意識させます。そのようなノンバーバルコミュニケーションが人の印象を左右します。

　授業参観は，「授業」「懇談会」「職員」の３つの魅力を保護者に伝えるチャンスなのです。

環境整備のチャンス

　授業参観は，教室・廊下の「環境整備のチャンス」でもあります。

　例えば，教室内や廊下の荷物の整理整頓です。

　机の並びが乱れていたり，棚の中が乱雑になっていたりすると，保護者もなんとなく雰囲気の悪さを感じ取ります。紙くずやストローの袋など，ごみが落ちている中で授業参観をするのは論外です！

　また，学習物の掲示も大切です。

　せっかく保護者が来校するので，絵や工作，習字の作品，作文など，子どもたちの学習の足跡を掲示しておくと，授業だけでなく普段の学習の様子も保護者に見てもらうことができます。

　そして，授業参観で保護者が注目するのは，"我が子"のことです。

　掲示された作品をはじめ，教室内の"我が子"に関するものは穴があくように見られると思ってよいでしょう。そのため，ときどきこのような声を耳にすることがあります。

　「うちの子どもの机と椅子，全然高さが合ってないのだけど……」

　「ランドセルの棚の名前シールがはがれていた……」

　「うちの子の名前，漢字が間違っていた……」

　このようなことがあると，「先生は，うちの子のことをしっかり見ていないのでは？」という不信・不満をもたれてしまいます。

　本来なら，授業参観でなくとも，普段から気をつけておかなければならないのですが，日々の忙しさの中ではつい見落としがちです。そこで，

　授業参観を，定期的に環境整備を確認できるチャンスと捉えましょう。

　注意点をリストにして職員に提示し，授業参観前にチェックするよう促すことで定期的に担任に環境整備をしてもらうことができます。

教頭と保護者がつながるチャンス

最後に，授業参観は「教頭と保護者がつながるチャンス」です。

特に教頭１年目は，保護者の顔をほとんど知りません。

コロナ禍で行事が削減され，PTAの本部役員とは話してもそれ以外の保護者とつながりをもつ機会が少ないのです。

そのような中，勤務校の授業参観ではコロナ禍のため正面玄関で来校した保護者に検温してもらって，名簿に体温を書いてもらうことになりました。

保護者には手間をとらせるのですが，「これはちょうどいい」を思いました。受付は担任以外の職員で行うのですが，私も一緒に立って保護者を待ち受けることにしたのです。なぜなら，名簿の横に体温を書いてもらう際に，保護者の顔と名前を一緒に覚えることができるからです。

欠席連絡などの際に電話で話したことがある保護者がいれば，

「教頭の○○です！　いつもご丁寧な連絡をありがとうございます！」

担任への苦情の電話をかけてきた保護者には，

「教頭の○○です！　担任には指導しましたが，その後，いかがですか？気になることがあれば，いつでもおっしゃってください」

などと，明るく言葉を交わしながらお互いに顔を覚えることができます。

授業参観は，「保護者に教頭の顔を覚えてもらう」，そして「教頭が保護者の顔を覚えることができる」最大のチャンスなのです。

顔を合わせて話した経験があると，その後もより親しみをもって話すことができます。そのような教頭と保護者のつながりの積み重ねが，学校と保護者のつながりにもなっていきます。

たとえ受付がなくて名前が確認できなくとも，授業参観の際には玄関で保護者を出迎え，一人ひとりとあいさつを交わすことをおすすめします。

03 宿泊行事

勤務時間にかかわる実務を確実に！

宿泊行事は子どもたちが楽しみにしている行事です。
当日は行事がスムーズに進むように子どもや担任のサポート
をしましょう。
しかし，その前に勤務時間にかかわる重要な実務があります。

勤務時間にかかわる実務

宿泊行事には5年生の宿泊体験学習，6年生の修学旅行があります。一般的には，前者には教頭が，後者には校長が帯同するのではないでしょうか。

宿泊行事には旅行会社や宿泊先への予約や打ち合わせなどがありますが，このあたりは該当学年の担任が行います。

教頭の実務としては，教育委員会への「承認願」や「実施報告書」の送付があります。（作成は担任）

そしてもう1つ，宿泊を伴う行事に必要なものがあります。

> それが，「勤務時間の割振り」です。

公立学校職員の勤務時間は，1日に7時間45分です。

しかし，宿泊を伴う行事では，当然ながら勤務時間を超過してしまいます。

1泊2日の宿泊であれば，1日目は夕食や入浴・就寝等の指導が，2日目は早朝から起床や朝食・荷物の整理等の指導などがあるからです。

ですが，原則として，職員に勤務時間外の業務を命じることはできません。

ただし「原則として」ですから，例外があります。それが，次のいわゆる"超勤4項目"です。

イ　校外実習その他生徒の実習に関する業務
ロ　修学旅行その他学校の行事に関する業務
ハ　職員会議に関する業務
ニ　非常災害の場合，児童又は生徒の指導に関し緊急の措置を必要とする場合その他やむを得ない場合に必要な業務

「公立の義務教育諸学校等の教育職員を正規の勤務時間を超えて勤務させる場合等の基準を定める政令」

宿泊体験学習や修学旅行などの宿泊行事の場合は「ロ」にあたります。

長崎県の条例では，修学旅行等の引率業務の場合，1泊2日の場合は4時間，2泊3日以上の場合は7時間を限度として，7時間45分を超えて勤務時間を割り振ることができます。（都道府県によって違いがあります）

その場合，超過した4時間（または7時間）を，別の日に休みとしてとることができるのです（実際には，それ以上働いているのですけどね）。ただし，その休みは「宿泊行事のある週を含む前後4週間内」にとらなければなりません。その際は，1時間ずつでも2時間ずつでも，自由にとることができます。そこで，次のような教頭の実務が生じます。

・勤務時間を割り振る4週間の期間をいつからいつまでにするか定める
・その期間内でいつ休みをとるかを，引率する職員に決めてもらう
・職員の勤務時間の割振りを一覧表にまとめたものを教育委員会へ提出する

教育委員会への提出が遅くならないように，引率する職員にははやめに勤務時間の割振りを決めてもらうようにしましょう。

宿泊行事当日の教頭の動き

教頭には，宿泊行事当日にもやることがあります。

「教頭先生，○○さんがトイレに行きたいそうです！」

「わかった！　乗ってー‼」

教頭が帯同する宿泊体験学習では，教頭は救護車として自分の車で目的地へ行きます。

宿泊体験学習では屋外の活動が多く，登山などのように施設から遠く離れた場所へ行くこともあります。そのようなときに，怪我人や体調不良者が出た場合に子どもを運ぶためです。実際には，上記のセリフのようにトイレを我慢できない子を乗せることが多いのですが……。

また，夜中に体調不良者が出る場合もあります。ホームシックで泣き出す子もいます。しばらく様子を見ても状況が変わりません。

「教頭先生，どうしましょう⁉」

休ませておけばよいのか，保護者に迎えに来ていただくべきなのか，担任も判断に迷います。そのようなときに，養護教諭の意見を参考にしながら，

管理職として，最終的な判断を下すという役割もあるのです。

なお，校長が帯同する修学旅行では，教頭は６年生の保護者に一斉メールで旅行団の無事を知らせる役割があります。

「修学旅行団は，５分前に学校を出発しました。○時△分に○○に到着予定です」

「修学旅行団は，○時△分頃に無事ホテルに到着しました。今のところ，体調不良者はいません」

などといった内容です。旅行中に５～６回程度，流します。

宿泊体験学習では，逆に校長が一斉メールを送信します。

宿泊行事の引率が初めての担任がいたら

　5年生担任が初任者であったり，そうでなくても「宿泊行事をする学年の担任は初めて」であったりすることもあります。

　学年主任が中心になって指導をしていると，初任者や初心者は何も言わない・しない状態になりがちです。

　それでは引率ではなく，ただの"お客様"です。

　そのような場合は，教頭がその職員にさりげなく指示や助言をしましょう。

　例えば，

　「主任が部屋へ移動の指示を出したときには，先生は先に部屋の方へ行ってはやくついた子どもたちに指示を出したり見守ったりしておくといいよ」

　「保健係がシーツや枕カバーをとりに行くときは，○○先生も行って，子どもたちが数を間違えて持っていかないように見ておくといいよ」

などといったことです。

　下見に行ったときに施設内の動線を確認させたり，事前の打ち合わせで目配りの分担までさせたりしておくとよいですね。

　また，学年主任ばかりでなく，活動や注意点の説明をどれか1つでも初任者や初心者にさせて，経験を積ませます。

> 初めて引率する職員を，"お客様"状態にさせないようにしましょう。

　失敗もあるかもしれませんが，それを次の宿泊行事の機会に生かすことができます。

> 子どもだけでなく，職員も行事を通して成長させるのです。

　管理職，いや先輩教員として大切なことですね。

04 避難訓練

当日だけじゃない！　防火管理者の実務

避難訓練計画は担当職員が作成しますが，教頭には職員が知らない防火管理にかかわる実務があります。
消防署と連携しながら，"いざ"というときの備えをしておきましょう。

教頭＝学校の防火管理者

なぜ，学校では避難訓練をしなければならないのでしょうか？

それは，消防法（及び消防法施行令）という法令があり，避難訓練を含め火災予防に関する様々な内容が定められているからです。

それによると，学校のような多人数が集まる建物では消防計画を作成し，防火管理上の業務を計画的に行う「防火管理者」を置かなければなりません。

> 学校の防火管理者とは，教頭のあなたです。

「避難訓練担当の職員にやってもらえばいいじゃないか！」と思われるかもしれませんが，防火管理者の要件に「防火管理業務を適切に遂行することができる『管理的，監督的地位』にあること」と示されています。管理的，監督的地位にあるのは……管理職である教頭ですね。

防火管理者になるには，２日間の「防火管理者講習」を受けなければなりません。（それまでは，校長の名前を防火管理者として登録しておきます）

私が講習を受けたのは８月でしたが，その実務は着任した４月から始まり

ます。主に，次のような実務があります。

・消防計画を作成する

・自主検査表に，毎日の検査結果を記入する

・消防署の立入検査を受ける

・防火管理者の解任・選任手続きの文書を消防署へ送付する
（講習受講後）

消防立入検査

年に1回，消防署の署員が来校して立入検査があります。

事前に消防署から連絡があるので，次のものを用意しておきます。

・消防計画　　・避難訓練計画（担当職員が作成）　　・自主検査表

書類の確認が終わったら消防署員と一緒に校内を点検するので，前日まで
に消火器や消火栓がどこにあるのか，その周りや避難通路となる廊下に障害
物がないかなどを確認しておきましょう。

立入検査では，消防署員が以下のものについて点検します。

【防火管理に関すること】

防火管理者の選任，消防計画・避難訓練計画，避難施設の管理など

【消防用設備等に関すること】

消火器，屋内消火栓設備，自動火災報知設備，誘導灯及び誘導標識など

「体育館の火災報知器が鳴らない」などの不備があれば，「改善計画書」を
作成し，修理の着手予定日や完了予定日を書いて消防署へ報告するという実

務も発生します。このような防火管理者としての実務が教頭にはあります。けっして学期に1回の避難訓練だけをやっているわけではないのです。

通報訓練の義務

みなさんの学校では，教頭は避難訓練でどんな役割がありますか？

多くは，非常ベルを鳴らし，校内放送で出火場所を知らせたり避難指示を出したりする役割なのではないでしょうか。校長が不在の折には，全校生徒の前で講評をすることもあるかもしれません。

それらに加えて，年に1回は必ず通報訓練をするよう，消防署の立入検査の際に指導されます。通報訓練とは，実際に119番に電話し，火災が発生したことを通報する訓練です。「面倒だなあ」と思うかもしれませんが，これも法令で定められていることです。

私も，教頭1年目の避難訓練で通報訓練をすることになりました。

事前に消防署に通報訓練をすることを連絡し，避難訓練の時間に119番すればよいのです。「119番すればよい」とはいえ，かけたことがないので実際に何をどう話せばよいのか不安です。

そのために，次のような通報マニュアルがあります。

---

①火事か救急か
②住所
③何が燃えているか（出火箇所はどこか？）
④目標となるもの
⑤通報者の氏名
⑥通報者（学校）の電話番号

このようなマニュアルを電話機のそばに置いておきます。学校の住所や電話番号も慌てるととっさに言えないので，書いておくと安心です。

それは119番じゃない！

　さて，避難訓練当日。持ち出す出席簿を用意して，通報マニュアルも確認し，時刻を確認して非常ベルを鳴らします。ジリリリリリ！とけたたましい音で非常ベルが鳴りました。放送室へ行き，スイッチを入れ，「一斉放送」のボタンを押します。「訓練火災，訓練火災。理科室より火災が発生しました……」（周囲の民家が本物の火事だと間違えないように「訓練」という言葉を入れます）。そして電話機のところへ行き，受話器を上げてボタンを押します。プルルルル，とコールされ始めた瞬間，なにやら違和感が……。（あれ，何番を押したっけ？）そこで自分の間違いに気づき，すぐにガチャンと受話器を置きました。

> 119番ではなく，110番にかけてしまったのです。

　あらためて，119番を押して消防署にかけなおします。
　「もしもし，119番です！　火事ですか，救急ですか？」
　消防署員の声が聞こえると同時に，職員室の別の電話が鳴り始めます。
　（まずい……）事務職員がとり，「すみません，間違いです……」と謝る声。警察から，折り返しの電話がかかってきていたのです。
　私は無事にマニュアルどおりの通報を行うことができたのですが，電話を切った後に事務職員に謝ったのは言うまでもありません。しかし，このおかげ（？）で翌年の通報訓練は間違えずに119番にかけることができました。

> 　"いざ"というときの備えは，子どもだけではなく職員（教頭自身）にも必要なのです。

　通報訓練は教頭だけでなく，ぜひ他の職員にも経験してほしいと思います。

05 運動会

臨機応変に対応！　PTA・地域と連携した一大イベント

半日開催が多くなったとはいえ，運動会は子どもだけでなく
保護者や地域にとっても一大イベントです。
教育委員会や来賓にかかわる実務もありますが，当日まで天
候にも悩まされる，気が抜けない行事です。

どうする!?

「大変です！　校門にネコが捨てられています！」

「なんだってー‼」

運動会の朝，職員の報告を聞いて校門へ行くと，たしかに段ボールに入れられた子ネコが4匹，ミャアミャアと鳴いています。

「とりあえず，事務室へ運んで！」

ただでさえ慌ただしい朝なのに，学校に子ネコを捨てるなんて！　運動会は保護者や地域住民が大勢来校するので，誰かが拾ってくれると思ったのでしょうか。運動会の朝には，思いがけないことが起こるものです。

子ネコではなくても，当日になって応援団長が体調不良で欠席したり，体育主任が新型コロナウイルスに感染し，出勤できなくなったとの連絡が入ってきたりすることもあります。運動会当日の朝は，教頭は「どうする!?」という判断を迫られるので，臨機応変な対応が求められます。

ところで4匹の子ネコたちは，後日保護者に呼びかけ子どもや職員がもらっていきました。でも，子ネコのためにも二度とあってほしくないものです。

運動会の実務

①来賓・教育委員会

　入学式・卒業式と同じく，運動会は来賓を呼ぶ行事です。

　案内状を出す来賓は，基本的には入学式・卒業式と同じですが，地域や学校によっては儀式行事よりももう少し幅広く招待する場合もあります。

　案内状を送付する際に見落としがあったら大変です！　名簿をよく確認しておきましょう。（コロナ禍で来賓を呼ばない場合も，その旨を知らせる案内を出しておきます）

　次に，教育委員会に出す届があります。

> ・運動会実施届　　・週休日の振替届　　・勤務時間の割振り変更届

　「運動会実施届」は，文字どおり運動会を実施する，という届です。

　運動会は，日曜日に行われますが，本来は休みの日（週休日）です。

　その日曜日に勤務して，かわりに月曜日は勤務しませんよ，という届が「週休日の振替届」です。

　また，運動会当日の朝は，準備があるのではやめに出勤する必要があります。例えば30分はやく職員を出勤させるのであれば，「通常は8時〜16時30分の勤務時間を，7時30分〜16時にする」という「勤務時間の割振り変更届」を出さなければなりません。

　職員の中には，自主的にもっとはやく出勤して準備をしようとする職員もいます。子どもが登校する前に自分の担当分をはやめにすませたい担任の気持ちもわかりますが，それでは超勤時間が増えてしまいます。

　過度にはやく出勤しすぎないよう，必要な準備は金曜日までにできるだけ終わらせておきましょう。（勤務時間をもっとはやめればよいという考えもありますが，自宅が遠い職員もいるのではやすぎないように配慮します）

②競技の担当

　各競技は，基本的に出場する子どもの学年の担任が担当します。

　しかし，運動会には出場者が地域住民の場合もあります。そのような競技は，誰が担当するのでしょうか？　教頭しかいませんね。

　例えば，次のような競技です。

　　・PTA 競技　　・来賓競技　　・年長児が出場する競技

　PTA の本部役員には PTA 競技への，幼稚園・こども園には「来年は１年生」などへの，来賓には来賓競技への参加依頼をします。

　そのような競技は，組数や参加賞の数の確認のために，事前に大まかな人数を把握しておく必要があります。（地域住民が出場する競技にはお礼の意味も込めて参加賞を用意します）

　このように，地域住民が参加する行事は運動会ぐらいです。

　　運動会は地域の幼児からお年寄りまで様々な世代が一堂に会する，地域にとって大切な行事なのです。

　しかし，コロナ禍になり午前中開催となった運動会は，コロナが終息してもおそらく終日開催には戻らないでしょう。そうなると，保護者や来賓，園児の競技もこのままなくなってしまうかもしれません。

③ PTA・渉外関係

　教頭には，次のような連絡調整をする係もあります。

　　・受付や駐車場係，会場の見回り等を PTA へ依頼

　　・臨時駐車場の手配

運動会当日は，職員はそれぞれ，なんらかの係を担当しています。そのため，受付などの人手がたりません。そこで，（学校によって違いますが）PTAの本部役員や運動部などの保護者が担当することになります。

　また，すべての保護者が車を停められるほど広い駐車場のある学校はほとんどないでしょうから，近隣の駐車場のある施設（こども園や公民館など）の駐車場を使わせてもらえるよう事前に承諾を得る必要もあります。

運動会の危機管理

　『運動会指導　完ペキマニュアル』（辻川和彦編著，明治図書，2020年）では，運動会の危機管理として，以下の7項目を挙げています。

・競技中の怪我　・テント設営時の怪我　・熱中症
・突風，つむじ風　・心肺停止　・光化学オキシダント　・不審者

　それぞれ，注意するポイントと対処法があります。（ここでは割愛します）

　PTA競技や来賓競技などもあるので，子どもたちだけでなく保護者・地域住民から怪我や体調不良，急病人が出ることもありえます。AEDの設置場所を職員や保護者に周知しておくなど，最低限の備えはしておきましょう。

　近年，もっとも警戒しておくことは，熱中症です。

　運動会を春にやろうが秋にやろうが，必ずといっていいほど「熱中症で子どもが搬送された」というニュースを聞きます。練習期間中は毎日熱中症警戒アラートを確認し，「厳重警戒」「危険」域になっているときには職員に注意を呼びかけたり練習を中止させたりしましょう。

　子どもたちも職員も競技の完成度を高めるために夢中になっています。

　教頭だけは養護教諭と情報を共有しながら，途中で給水のための休憩を挟むように体育主任に助言するなど，冷静な判断をしなければなりません。

　運動会当日だけでなく，練習期間や準備・片づけのときにも気をつけてお

きましょう。

降るなら降ってくれ！

　運動会を「やるか，やらないか」の判断は，いつの時代も管理職を悩ませています。近年は気象予報の精度がかなり上がりましたが，それでも判断が難しいこともあります。

　雨なら雨でよいのです。子どもたちも保護者も，あきらめがつきます。

　問題は，「降りそうで降らない」「朝まで降っていたけれどやんだ」という状態です。まさに，「降るなら降ってくれ！」という気持ちになります。

　朝6時頃まで降っていた雨が延期にした途端ピタリとやみ，遊びに来た子どもたちの声が運動場にむなしく響いていた，ということもありました。

　判断するのは校長なので教頭は気が楽というわけでもありません。

　延期になれば教育委員会に出した届を修正しないといけないし，保護者から「（運動会が）できたじゃないか！」というお叱りの電話がかかってくることもあります。

　運動会が平日に延期されると，保護者は仕事を休んだり，あるいは休めなかったりすることもあるので，気持ちはわかります。いずれにしても，

　当日の朝に延期の判断をした場合は，一斉メールで保護者に連絡する実務が発生します。

　以前，「雨は降らないだろう」と校長が判断して実施に踏みきったところ，9時頃から土砂降りになって結局中止，来校していた保護者に体育館で学年ごとに表現のみ披露した……ということもありました。

　コロナ禍で午前中のみの運動会が多くなりましたが，それでも前日〜当日朝にかけての天候の悩ましさは，今後も続くことでしょう。

5章

危機管理の実務

01 自然災害

いつでも対応できる「心構え」と「備え」を忘れずに！

毎年，大雨による被害が発生しています。
子どもの登下校の危機管理だけでなく，学校が避難所になる
ことへの備えも必要です。
教頭としてあらゆることを想定しておきましょう。

もっとも頻度の多い危機管理

「教頭先生，大雨警報が出ました！」

「給食を食べたら，集団下校で帰しましょう！」

「いや，この豪雨の中を帰すのは危険では？」

　年に数回は，管理職と職員の間でこのような切羽詰まったやりとりが交わされているのではないでしょうか。

　学校において，生命にかかわる危機管理の１つに自然災害への対策・対応があります。その中でも，もっとも頻度の高いものは大雨や台風といった天候に関するものでしょう。

　近年は，線状降水帯による大雨被害が各地で発生しており，日本国内のどこであろうと油断はできません。

　子どもの在校時に突然の大雨が降り出したとき，下校をどうするか。

　翌日が大雨・台風の予報のとき，翌日の登校をどうするか。

　対応を学校単独で決めることもあれば，校長が近隣校の校長や教育委員会と検討して決めることもあります。教頭は，あらかじめいくつかのパターンで配付プリントや一斉メール送信の準備をしておきます。

引き渡しの実務

子どもの在校時に急な大雨や地震が起こり，集団下校も危険と判断された場合には，保護者に直接子どもを引き渡すことになります。

基本的には，学校から保護者へ一斉メールで引き渡しを行うことを知らせ，来校した保護者を担任が確認して子どもを引き渡します。

これだけのことですが，実際にやろうとするとそう簡単にはいきません。

特に，中・大規模校だと，駐車スペースの有無や学校の立地（繁華街か郊外か，国道沿いか否か，など）によってもやり方が変わってきます。

災害が起こったときに，いきなりやろうとすると大混乱は必至です。

「これくらいなら集団下校でいいだろう」と思っていたら，保護者から「中学校で引き渡しをするのに，どうして小学校では歩いて帰らせるんだ！」という苦情がきた，という話も聞きます。

毎年，保護者も職員も入れ替わりがあるので，梅雨時期の前に1回は「引き渡し訓練」を行っておいた方がよいでしょう。

引き渡しの際には，次のような実務があります。

・引き渡しを行う旨を教育委員会や近隣の小・中学校へ伝える
・保護者へ一斉メールを送信する
・場合によっては警察に連絡し，交通整理の依頼をする
・引き渡し時は職員を指揮・監督する（学校によって役割分担あり）
・迎えが勤務終了時刻以降になる子どもを見守る

実際にやってみると，保護者以外（親戚等）が迎えに来てしまったり，職員同士の連携がうまくとれなかったりするなど，細かい問題点がたくさん出てきます。その都度，反省や改善策を講じながら，次回の訓練や本番に生かしましょう。

休校にするときの実務

　翌日の気象予報で台風が直撃するとわかれば，ほぼ休校（正式には「臨時休業」）になります。以下，「台風接近のため休校」という場合の実務です。

・教育委員会へ「臨時休業届」を提出する

・休校のことを保護者へ伝えるプリント，一斉メール等を発出する

・見守りボランティアに翌朝の見守りは必要ないことを連絡する

・校舎周りの片づけを用務員や高学年に指示する

・休校当日（または翌日），校舎内（もし風雨がやんでいれば校舎周りも）を巡視して，雨漏りや窓ガラスの破損などがないか確認しておく

　ただし，台風の進路が学区と微妙に距離があると，判断が難しくて悩ましいところです。そこで，私の勤務校では地教委の指示で，年度はじめに，

「午前6時の時点で大雨・暴風・洪水警報や避難指示など，どれか1つでも出ていたら登校を見合わせて学校からの一斉メールを待つように」

とのプリントを配付しています。

　そして，校長と教育長が気象予報を確認して対応を決定し，教頭が6時40分までに「臨時休業」などの対応を一斉メールで知らせます。

　前日のうちに翌日が休校と決まった場合には，担任から子どもたちへ台風への注意点や家庭学習などのことを伝えさせます。

　また，休校当日も職員は通常どおりの出勤ですが，通勤途中の道路に土砂崩れや冠水などの危険があるときには，遠慮なく休んだり遅れて出勤したりしてよいことを伝えておきます。

　子どもだけでなく，職員の安全にも配慮しておきましょう。

学校が避難所に！

「○○小学校に，避難所を開設することになりました！」

（やはり，きたか……）

大雨が数日降り続いていた８月上旬のある日，教育委員会から早朝に連絡がありました。その１時間ほど前に大雨特別警報が発令されていたので，予想はしていました。勤務校は，災害時の避難所に指定されているのです。

この日は土曜日でした。私の町では休日に学校が避難所になる場合，基本的には役場の職員が避難住民に対応します（学校数の多い市部では休日や夜間も管理職が対応します）。大規模な災害の場合は，職員と共に次のような対応をすることになります。

・役場の避難所担当職員との連携，運営への協力（受付場所の設置，備蓄してある非常食料や毛布等の運搬等）
・子どもや職員の安否確認
・教育委員会等との連絡・調整，外部への対応

この日は，数世帯の地域住民が避難してきましたが，夕方には風雨もおさまり，避難住民も自宅へ帰っていきました。しかし，もし住宅が流されるなどの大きな被害があれば，学校が長期間，避難所となる可能性もあります。

避難所開設の際のマニュアルがあると，「役場の職員が来るまでの初動」や「役割分担」「備蓄品の保管場所」などを共通理解しておくことができるでしょう。毎年のように自然災害が起こるようになった日本では，

学校が避難所になっても対応できる「心構え」や「備え」をしておかねばならないのです。

---

02 感染症

敵はウイルスや細菌だけじゃない！

目に見えないウイルスや細菌から子どもを守るには，予防とともに感染者が発生したときの早期対応が重要です。
しかし，敵はウイルスや細菌だけではありません。

温度差のない感染症対策を

世の中には，様々な感染症があります。

学校は多くの子どもや職員が集団で生活しているので，誰かが感染症になったら広がり方も大規模なものになってしまいます。

そのため，学校保健安全法で，子どもが感染症にかかったりその疑いがあったりする場合には出席を停止させたり（同法第19条），臨時休業を行ったり（同法第20条）することができます。

感染症といえば，かつては冬に流行するインフルエンザやノロウイルスなどが一般的でしたが，新型コロナウイルス感染症（以下，新型コロナ）の流行により年間を通した感染症対策が必要になってきました。

担任は，感染予防のため「換気・手指消毒・マスク着用」などを子どもたちに指導します。担任によって温度差があると困るので，教頭は各担任の感染対策がきちんとなされているかを確認しておきましょう。

ただし，肌が弱くてマスクがつけられないなどの理由がある場合には，担任を通して子どもたちに周知し，そのような子が中傷されないように配慮しておく必要があります。

感染症の分類

2022年8月現在，新型コロナウイルス感染症を2類（患者の全数報告・治療費全額公費負担）のままにするのか5類（報告は基幹病院からの定点報告・治療費自己負担）に変えるのかが話題になっています。

これは感染症法（正式名称は「感染症の予防及び感染症の患者に対する医療に関する法律」）による分類ですが，学校保健安全法施行規則第18条では，学校において予防すべき感染症は次の3種類に分類されています。

	主な感染症	出席停止期間
第一種	エボラ出血熱，ペスト，新型コロナウイルス感染症　他	治癒するまで
第二種	インフルエンザ，百日咳，麻疹，流行性耳下腺炎，風疹，水痘　他	病状により学校医その他の医師において感染のおそれがないと認めるまで
第三種	コレラ，細菌性赤痢，腸チフス　他	

第一種は「発生は稀だが重大な感染症」，

第二種は「飛沫感染し流行拡大の恐れがある感染症」，

第三種は「飛沫感染が主体ではないが，放置すれば流行拡大の可能性がある感染症」
として分類されています。

どの感染症でも，基本的な対策は「換気・手指消毒・マスク着用」であり，新型コロナと同じです。

新型コロナは第一種に加えられており，エボラ出血熱やペストと同等です。さすがにそれはちょっと……という気もしますが，もし新型コロナが感染症法の5類になれば，こちらの方も今後変更される可能性があります。

もっとも，分類がどうであろうと，また新型コロナ以外の感染症であっても，管理職として学校で感染が広がることは防がねばなりません。

新型コロナウイルス感染症の実務

　新型コロナが国内で確認されるようになり，特別措置法に基づく緊急事態宣言が全国に拡大され，ほとんどの学校が臨時休業になったのは2020年3月のことでした。大事な年度末を奪われただけでなく，仕事を休めない保護者の子どもを学校で預かったり，卒業式や新年度をどうするか悩んだりと対応に追われた数週間でした。様々な"史上初"の事態に手探りで対応した当時の管理職は，大変な苦労だったことでしょう。

　その後も，新型コロナへの対応に管理職も職員も，通常の業務と並行して行うにはあまりにも大きな負担を強いられました。

　新型コロナに関する主な実務は以下のようなものです。

---

①感染者がいないときの予防（換気・消毒・マスクの指導）

②職員のワクチン優先接種とりまとめ（希望日調整，地教委への報告）

③職員のワクチン接種後の副反応への対応（特別休暇の処理，補教の対応等）

④子どもに感染者が出たときの対応（教室の消毒，感染経路の聞き取り，地教委への報告，臨時休業届等の対応，保護者への連絡）

⑤職員に感染者が出たときの対応（補教の対応，地教委への報告）

⑥感染拡大時の職員への対応（在宅勤務等の処理）

⑦感染者発生または感染拡大時の学校行事の変更（縮小・延期・中止等）への対応

　地域や学校によっては，この他にも様々な実務が発生していたはずです。第6〜7波あたりから飛躍的に感染者が激増し，もはや感染していない子どもの方が少なくなった学校も多いでしょう。しかし，そのおかげ（？）で感染者への白い目もなくなり，なにより地教委への報告も簡素化されました。

「感染症から子どもを守る」とは

　新型コロナウイルス感染症の発生初期は，感染者数も少なく，「感染した」こと自体が白い目で見られる時期がありました。

　全国の学校で，「○○はコロナだ」などと差別されることもありました。保護者も担任も，テレビでも「コロナが……」と毎日騒いでいたのですから，子どもたちが敏感になるのは当然です。

　私の勤務校でも，「新型コロナになることは悪いことではない。誰だって感染する可能性がある。明日は自分かもしれない」ということを学年に応じて指導させました。

　かつて，エイズ患者やHIV感染者が差別されたことは有名です。

　終戦当時は，原子爆弾で被爆して生き残った人や，被爆していなくても長崎市や広島市に住んでいた人々が「近づいたら放射能がうつる」と差別されました。

　2011年の東日本大震災後には，福島第一原子力発電所の事故により他県に避難した子どもたちが「放射能がうつる」といじめを受けました。

　このような差別や誹謗中傷の歴史を学んでいたはずなのに，コロナ禍にも同じ状況が起こりました。

　ときは移れど，同じことが延々とくり返されています。今後も，未知の感染症が発生すると同じことがくり返されるのかもしれません。

　それを防ぐには，「換気・手指消毒・マスク着用」などの感染予防だけでなく，感染症による差別を扱った道徳や保健の授業も同時に行いながら人権意識を高めていく必要があります。

> 　「感染症から子どもを守る」とは，ウイルスや細菌からだけではなく，差別や誹謗中傷から守ることでもあるのです。

03 食物アレルギー

担任任せにせず，組織で対応！

どの学校にも食物アレルギーをもつ子どもがいるのではない
でしょうか。
命にかかわるだけに毎日の配慮が必要ですが，担任任せにな
らないように組織で対応しましょう。

一刻を争う食物アレルギー

「教頭先生，Ａさんに食物アレルギーの症状が出ました！」

職員室に飛び込んできた担任にいきなりこのように言われたら，どうしま
すか？　まずは，慌てずに次の確認や指示をします。

・子どものアレルギー症状を確認する

・給食で子どもがアレルゲンを含む食材を食べたかどうかを確認する

・担任に保護者への連絡を指示する

・養護教諭にエピペンや AED の準備を指示する

担任や養護教諭が不在でも，他の職員と手分けして速やかに行います。

アレルギーの症状には軽症から一刻を争うものまであります。症状によっ
ては，躊躇せずエピペンを打って救急車を呼ばなければなりません。

救急車を呼ぶのは管理職の役目ですが，AED などの対応をしていて手が
離せないときは，他の職員でもよいでしょう。そのためにも，救急車を呼ぶ
際のマニュアルを電話機のそばに掲示しておきます。

食物アレルギーの危機管理

　学校教育の中で「命の危険があるもの」といえば，水泳などの体育を思い浮かべますが，実は"給食"にも危険が潜んでいます。

　飲み込むときにのどに詰まる「誤嚥」や，アレルゲン（アレルギーの原因となるもの）を含む食材を食べることによって症状が発生する「食物アレルギー」です。誤嚥はよく噛みゆっくり食べることで防げますが，食物アレルギーは子ども個人の対応というより学校としての対応が問われます。

　事前に栄養教諭（または給食担当）が食物アレルギーの調査をしたり職員間で情報共有をしたりしますが，日々の対応を担任１人に任せていると見落としが出る可能性もあります。

　私も担任時代，食物アレルギー疾患のある子どもを担任していました。給食の配膳はその子の分を真っ先に行い，除去食の盛りつけも担任である私が行うなど，常に気を配っていました。

　教頭になると直接対応することはありませんが，事故が起きないように全体的に気を配ったり確認をしたりしなければなりません。

　私の勤務校では，事故を起こさないためのシステム（組織的な対応）として，次のようにしています。

・管理職が，その日のアレルゲンを含む食材と対応（代替食か除去食か食べないか）を担任に確認する
・給食担当が食物アレルギーのある子どもたちの対応一覧表を職員室に掲示し，どの職員も把握できるようにする
・食物依存性運動誘発アナフィラキシー（食後，運動することで症状が出る食物アレルギー）のある子どもがいる学年は，体育はすべて午前中に行うように時間割を設定する

毎日，管理職自ら担任と確認をするのは手間に思える
かもしれませんが，担任任せにせず管理職自身もかかわ
るという意味ではよいと思います。

学校によって工夫の仕方は様々ですが，担任1人に任
せきりにせず，二重，三重にチェックし，確認ミスがな
いようにしておきましょう。

組織的に，臨機応変に

どんなに気をつけていても，食物アレルギー事故が起こることがあります。
事故が発生した場合にどうするかは，危機管理マニュアルに記載されていま
す。しかし，実際にはマニュアルどおりにはいきません。

私も教頭1年目に経験しましたが，救急車を呼んで初めて，次のようなマ
ニュアルにない問題が起こりました。

「誰が救急車（救急隊員）を保健室へ誘導する？」

「救急車を見て子どもたちがたくさん集まってきたけど，どうする？」

校長と私で，そばにいた職員にとっさに次のように指示しました。

・担任が駐車場へ出て，救急車（救急隊員）を保健室へ誘導する

・教務主任が子どもたちが救急車を見に集まらないように校内放送で呼
　びかけ，教室で各担任が落ちつかせる

時間帯（昼休みか授業中か）にもよりますが，職員が手分けして行う組織
的な，そして臨機応変な対応が求められます。

なお，後日，教頭は事故の報告書を作成しなければならないのですが，
「事故発生の時刻」「対応ごとの時刻」「救急車を呼んだ時刻・到着した時刻」
など，細かい報告が求められます。

「ゆっくり時計なんて見ている余裕はない！」と思われるかもれません。

　私はメモ帳を片手に，子どもや救急隊員への対応をしながら時計を見て記録をとりましたが，たしかに大変です。ここも組織的に，他の職員に指示して記録をとってもらうと教頭も余裕をもって対応することができます。

事故を再発させないために

　どの学校でも，食物アレルギー事故が起こらないように対策しているはずです。にもかかわらず事故が起こったということは，以下の5つの段階のどこかでミスが生じたということです。

　早急に，どの段階でなぜミスが生じたのかを確認しましょう。

保護者：事前の献立表のチェックで見落とした？ 給食センター（栄養教諭）：献立表（アレルゲン食材一覧）の記載漏れ？ 担任：配膳時にアレルゲン食材を盛りつけてしまった？ 本人：アレルゲン食材を友達などからもらって食べた？ 職員：担任不在時に別の職員がチェックを怠った？

　これらの1つ，あるいは複数の段階でミスが生じると事故が発生します。

　ミスをした人を糾弾したり学校が責任逃れをしたりするのではなく，二度と同じ事故を発生させないために原因を分析して報告書に記載し，「同じ事故が発生しないシステム」をつくらないといけません。

　また，事故後の対応に反省点があれば，それも含めて改善策を考えます。

　例えば，「学校にエピペンを用意していなかった」「本人が持っていると思ったら持っていなかった」ということがあれば，保健室や職員室に常備して職員全員にどこにエピペンがあるのか周知しておくようにします。

　このような再発防止や不備の改善も，教頭の役割なのです。

04 児童虐待

関係機関と連携して，子どもの安全確保を最優先！

児童虐待を発見したら，関係機関と連携したり児童相談所へ通告したりと，素早い対応が重要です。
また，「その後」の対応にも気をつける必要があります。

突然の別れ

　ある日の昼休み，担任が管理職に呼ばれてこう告げられます。

　「Ａさんを児童相談所が一時保護することになったから，帰る用意をさせて連れてきてくれ」

　Ａさんは保護者から児童虐待を受けていたのです。

　通告を受けた児童相談所は，保護者がいないところで子どもを保護します。

　担任はＡさんを教頭に引き渡し，教頭は近く（例えば地教委）で待機している児童相談所の所員に引き渡します。一時保護の後，保護者のもとに置いておけないと判断された場合には，他市町の施設に移されます。

　その日から，その子どもは学級からいなくなります。

　虐待を受けている子どもの安全確保のためとはいえ，同じ学級の子どもたちや担任にとっては，学級のメンバーが１人，別れを言う間もなく突然いなくなるのです。転出理由を話すわけにもいきません。

　これが，児童虐待で子どもが保護されるということの一例です。

　子どもたちに，このような“突然の別れ”をさせてしまう児童虐待が，近年，増加の一途をたどっています。

児童虐待とは

ひと口に児童虐待と言っても様々あり，次のように分類されます。

身体的虐待	殴る，蹴る，叩く，投げ落とす，激しく揺さぶる，やけどを負わせる，溺れさせる，首を絞める，縄などにより一室に拘束する　など
性的虐待	子どもへの性的行為，性的行為を見せる，性器を触る又は触らせる，ポルノグラフィの被写体にする　など
ネグレクト	家に閉じ込める，食事を与えない，ひどく不潔にする，自動車の中に放置する，重い病気になっても病院に連れて行かない　など
心理的虐待	言葉による脅し，無視，きょうだい間での差別的扱い，子どもの目の前で家族に対して暴力をふるう（ドメスティック・バイオレンス：DV），きょうだいに虐待行為を行う　など

（厚生労働省のホームページより）

　全国の児童相談所における児童虐待の「経路別件数」（つまり，誰が児童相談所に通告しているか）は，多い順に，

警察等　　：10万3619件（全体の50.5％）

近隣知人：2万7641件（13.5％）

家族親戚：1万6763件（8.2％）

　そして，学校が1万3643件（6.7％）となっています。（2020年度）

　6.7％とはいえ，学校から1万3千件超の相談が寄せられているのです。

　学校には虐待を受けたと思われる子どもについて，市町村（虐待対応担当課）や児童相談所へ通告する義務があります。

通告の義務があることを日頃から周知し，「児童虐待の可能性を発見した

ら，管理職に報告・相談すること」を職員と共通理解しておきましょう。

児童虐待の発見

　学校で虐待を発見するケースとはどのようなものでしょうか。

　身体的虐待であれば，殴打や火傷の痕などから発見につながることがあります。身体測定や体育の着替えなど，学校は発見しやすい環境です。

　しかし，2020年度の児童相談所の相談内容別件数は，心理的虐待が全体の59.2％と2位の身体的虐待24.4％を大きく引き離しています。

　心理的虐待は見かけで判別できないので発見が難しいのですが，例えば担任と面談や雑談をしたり，アンケートをとったりする際に，子どもが「お父さん（お母さん）のことが嫌い・怖い」「家に帰りたくない」などと答えていたら要注意です。（そのような子どもの中から，弟や妹の世話をさせられていて自分の時間をもてないヤングケアラーが発見されるケースもあります。これも，関係機関と連携して対応していきます）

　そのような子どもがいたら，さらにくわしく話を聞く場を設けます。

　しかし，子どもが正直に話してくれるとは限りません。

　虐待を受けている子どもは「自分が悪いのかもしれない」「先生に話したら，家で怒られる」と思っています。それなのに，いきなり面談で「さあ，話してごらん」と言われても，そのようなことを話せるわけがありません。

> **児童虐待の発見には，担任と子どもの信頼関係が大きくかかわります。**

　子どもの気持ちに寄り添わない担任に，子どもが話そうとするはずがありません。（そのようなときは生活指導主任や教頭が対応します）

　急がず粘り強く，子どもの気持ちに寄り添いながら，徐々に心を開かせていくように担任に助言しましょう。

発見後の対応と通告後の対応

児童虐待が発見されたら（疑念を抱いたら），次のような対応をします。

- ・複数の職員で，子どもの観察や聞き取りを行う
- ・観察や面談等で把握した情報を担任がまとめ，管理職に報告させる
- ・教育委員会やスクールソーシャルワーカー，自治体の福祉関係機関へ報告・相談を行う

　上記3つ目の関係機関との連携が素早い対応のための肝となります。

　子どもの安全確保を最優先に考え，「児童相談所に通告した方がよい」と判断したら校長が通告します。

　通告して子どもが保護されたらひと安心，ではありません。ここからの対応にも気をつけないといけません。

　保護者にしてみれば，突然，児童相談所に子どもを連れ去られたのです。

　虐待していた保護者でも，子どもを愛していないわけではなく，取り戻したいと考えます。当然，「誰がチクった？」「子どもはどこにいる？」と，学校へ電話をしたり来校したりして問いただそうとすることがあります。

　場合によっては，担任が攻撃のターゲットにされることもあります。

　児童虐待の当事者である保護者からの問い合わせには，職員には「何も知りません」と言って管理職にかわらせ，校長か教頭が対応するようにします。管理職も，「一時保護は児童相談所が判断したこと」と答えますが，保護者が威圧的であったり暴力をふるわれそうになったりしたときは速やかに教育委員会や児童相談所，場合によっては警察に連絡しましょう。

　子どもを守ると同時に，職員を守る義務も管理職にはあるのです。

05 いじめ

担任時代の経験を生かして"教頭として"の対応を！

教頭としていじめ対応をする際には，担任や他の職員との連携や情報共有に留意しましょう。
また，報告の実務があるので，年度をまたいで記録を残すようにしておきます。

担任と教頭の"いじめ対応"の違い

教頭にとってのいじめ対応は，担任のそれとは違いがあります。

1つ目は，「教頭は，担任を通していじめ対応をする」ということです。

いじめの未然防止や発覚後の対応など，子どもに直接指導をするのはあくまでも担任，または生活指導主任です。（場合によっては教頭が指導をすることもありますが）

担任が適切な指導ができるように，日常的な声かけや発覚後のいじめ対策委員会などで，担任に指導助言をしていきます。もどかしい思いをすることもありますが，担任を差し置いて教頭が前に出すぎないようにしましょう。

2つ目は，担任は自分の学級のいじめにだけ対応すればよいのですが，「教頭は，すべての学級のいじめに対応する」ということです。

1つの学級のいじめが解決したからといって安心してはいけません。

1つのいじめが終わっても，すぐに別の学級でいじめが起こるかもしれません。場合によっては，複数の学級のいじめに同時に対応しなければならないこともあります。

覚悟を決めて，生活指導主任と連携しながら対応していきましょう。

教頭のいじめ対応

　前述のとおり，教頭がまず指導するのは子どもではなく職員なので，年度はじめに次のことを確認することから始めます。

・学校のいじめ対応マニュアルの周知
・いじめを発見したり子どもや保護者から情報を得たりしたら，すぐに管理職に報告すること

　日常的には，管理職は校内を巡回して，授業や休み時間の様子を観察します。担任の授業力もさることながら，教室の雰囲気も感じることができます。担任と子どもたちが楽しそうに会話をしていたり，学級の棚や持ち物がきちんと整理整頓されていたりする学級は，見ていて安心できます。
　しかし，中には担任の指示が通らなかったり，友達に配慮のない言葉かけをしたりするなど，いついじめが起こってもおかしくない学級もあります。
　そのような学級は，校長と分担して観察の機会を増やしたり，担任に学級経営について助言をしたりします。
　もし「いじめ発見」の報告があれば，担任1人に任せきりにせず，管理職・生活指導主任・学年主任等と担任が連携して対応していきます。

いじめは，必ずチーム（組織）で対応するのです。

　子どもへの指導に毎回教頭が参加する必要はありませんが，進行状況はチームで共通理解し，教頭は校長に報告します。ケースによっては保護者が担任を信頼できないという場合もあります。そのときは教頭が間に入り，担任が指導したことを保護者に伝えたり保護者の要望を担任に伝えたりします。
　教頭のいじめ対応で大切なことは，

職員だけでなく保護者も含めて情報共有や連携がうまく機能するように，チーム全体に目配りをしながら適宜助言や配慮をすることです。

年度をまたいだ報告

　年度末には，地教委を通じて文部科学省から「児童生徒の問題行動・不登校等生徒指導上の諸課題に関する調査」の依頼があります。いじめだけでなく，次のことに関して年間の件数や内容などの報告を行うものです。

・暴力行為　　・いじめ　　・出席停止　　・長期欠席（不登校等）
・自殺　　　　　　　　　　　　　　　　　　　　　　　　　　など

　この調査結果に基づいて，全国のいじめの件数などの発表が行われます。いじめについては，

・解消しているもの
・いじめを認知してから３か月以上経過しているもの，経過していないもの

などの件数を，学年別に報告します。
　３か月にこだわる理由は，「いじめが解消した」といえるための要件の１つにいじめ行為が止んでいる状態が「相当の期間継続していること」とあり，その「相当の期間」が少なくとも３か月を目安としているからです。
　ただし，１〜３月に起こったいじめが解消したかどうかは，年度末の報告の時点では３か月経っていないので判断できません。
　そのため，次年度の７月に継続調査があり，３月末に解消していなかった

いじめがその後解消したかどうかの報告も求められます。

　私が新任教頭のときには，前年度の担任や生活指導主任に尋ねてその後の経過を把握しましたが，その職員だって転勤していなくなる場合もあります。

> 　次年度の継続調査のために，年間のいじめ事案の「被害者・加害者の名前・学年・学級名・いじめの発見から学校の対応の概要」などを記録しておきましょう。

担任時代の経験を生かす

　私も，担任時代にいくつかいじめ事案の経験があります。

　いじめを解消できたこともあれば，残念ながらなかなか解消できなかったこともありました。しかし，教頭として担任と連携したり助言したりするには，そのような経験をしたことが役立ちます。「いじめ対応は，担任も想像以上に疲弊する」ということも，やはり経験しているからこそわかります。涼しい顔をしていても，深くダメージを受けているのです。

　「いじめ？　いったい何を見ていたんだ。ちゃんと指導できないのか！」などと担任を責める教頭はいないと思いたいのですが……そういうときこそ，責めたり突き放したりするのではなく，担任を支えてほしいと思います。もちろん担任の指導不足や配慮不足の点についてはきちんと指導した上で，担任の相談に乗ったり励ましたりするなど，担任を支える配慮を忘れてはいけません。

> 　担任時代のいじめ対応の経験が，教頭としてのチームへの指導助言や担任への配慮に役立ちます。

　そう考えると，担任時代の苦労や失敗も無駄ではないのです。

06 体罰

未然防止が一番……しかし発生したら対応を迅速に！

体罰は明らかな法令違反です。
子どもの心身が傷つく体罰は管理職として絶対に防がなければなりません。
もし発生した場合は，報告や謝罪などを速やかに行います。

体罰と教頭

忘れ物をした，教師の話を聞かない，指示に従わない……。

このようなことがきっかけで，担任が子どもを叩く・蹴るなどの体罰をすることがあります。ご存じのように，体罰は法令で禁止されています。

> 　校長及び教員は，教育上必要があると認めるときは，文部科学大臣の定めるところにより，児童，生徒及び学生に懲戒を加えることができる。ただし，体罰を加えることはできない。　　　　　　　「学校教育法第11条」

懲戒と体罰の違いについては本稿の趣旨ではないので，2013年3月に文部科学省から出された通知「体罰の禁止及び児童生徒理解に基づく指導の徹底について」をご覧ください。

ここでは，体罰に関する教頭の実務について述べます。

法令で禁じられている以上，管理職として職員にそのような行為は絶対にさせないようにしなければなりません。

しかし，いまだに全国で教員による体罰がくり返されているのです。

体罰が発覚したら

多くの場合，体罰は保護者からの訴えで発覚します。

もし体罰が行われたとわかったら，教育委員会への報告と同時に，即日保護者への謝罪を行わなければなりません。その報告や保護者の訴えの確認のためにも，教頭は体罰が行われた事実をまとめます。

まずは教育委員会へ「体罰事案発生」の一報を入れた上で，次のような手順で事実確認を行います。

---

①担任に事実確認を行う。体罰をしていたのなら，「いつ・どこで・誰に・どんな体罰を・何回ぐらいしたのか」をくわしく聞き取る

②体罰を受けた子どもに，怪我の有無や担任から聞き取ったこととくい違いがないかを確認する

③体罰を目撃した子どもがいたら，その子どもたちにも確認する

④担任・体罰を受けた子ども・目撃した子どもの証言にくい違いがあれば，再度，それぞれに確認する

⑤聞き取りの内容をまとめ，教育委員会に報告する

⑥担任と共に，教頭（場合によっては校長）も保護者宅に謝罪に行く

担任や子どもからの聞き取りは，数日かかる場合もあります。

子ども同士のトラブルでは担任や生活指導主任が聞き取りを行いますが，職員相手の場合は教頭しかいません。

子どもにしつこく体罰を受けたときのことを聞いたり，同僚を取り調べたりするようなことは精神的にも疲弊します。

また，保護者や地域からの信頼も失ってしまいます。

こんな苦労をするよりは，「起こる前」に，未然防止のために手間暇をかける方がまだ楽なのです。

体罰の調査

　いじめと同じく，体罰についても各都道府県で毎年，実態把握の調査を行っているのではないでしょうか。

　長崎県では，次のような手順で行われます。

---

①保護者，子ども，教員にそれぞれ体罰アンケートをとる

②保護者のアンケートは封筒に入れて回収し，管理職が開封する

③アンケートのいずれかから体罰の報告があれば，管理職（実際には教頭）が該当の教員や子どもからくわしく聞き取る

④子どもと保護者に謝罪し，教育委員会に報告する

　保護者，子ども，教員の三者からアンケートをとるので，教員が体罰を隠そうとしてもできません。

　ただし，本当に体罰をしていなかったとしても，保護者に「体罰があった」とアンケートに書かれる場合があります。

　よく話を聞くと，担任は「注意をした後に頭（肩や腰などの場合もある）をポンと軽くはたいた」つもりなのに対し，子どもや保護者は「叩かれた」と認識しているのです。子どもや保護者がもつ担任へのイメージがよくない場合に，このようなことがあります。

　このようなことをなくすには，「指導をした（叱った）後には，子どもの体に触らない」としておいた方がよいかもしれません。

　なお，この調査は２月に「４月〜翌年１月の間」の体罰を対象にしますが，２〜３月分の体罰の調査も次年度４月はじめに報告を行い，空白の期間がないようにしています。（ただし，このときは保護者や子どもへのアンケートは行わず，教員から申告があった分のみを報告します）

※年度はじめに前年度の報告を１回で行う都道府県もあります

体罰を未然に防ぐ

①指導が困難な子どもの対応はチームで取り組む

　担任を無視したり挑発的な態度をとったりするような指導が困難な子どもがいると，体罰が発生する恐れがあります。そのような子どもがいる学級にはTTや支援員を配置し，複数の職員で対応します。また，スクールカウンセラーなどの専門職と協力しながら，指導の方針を協議していきます。

②"第三者の目"を入れる

　周りの職員にも次のように協力を求めます。

「隣の教室や同じ階で怒鳴り声や大きな物音がしたら，様子を見に行く」

「叱り方が激しかったら，しばらく様子を見る」

「様子がおかしいと思ったら，管理職に知らせる」

支援員などにも，同じように対応してもらいます。

③クールダウンさせる

　怒りをコントロールできない職員には，カッとしたときにはいったん教室を出て，空き教室などで怒りがクールダウンするまでしばらくひとりでいるように助言しておきます。教室に担任不在となりますが，体罰を起こすよりはその方がよいでしょう。可能であれば職員室に知らせてもらえば，その間，管理職や手の空いている職員で子どもたちを見ておくようにします。

　ケースバイケースなので，一概に「この方法がよい」とはいえませんが，

　自分だけではなく「同僚にも体罰をさせない」ようにする意識が大切なのです。

あとがき

　本書の読者は，教頭職か，次年度に教頭になる予定の人が多いと思います。
おそらく，本書以外にも同じ類いの本を読んでいるのではないでしょうか。
そのようなみなさんに，尋ねたいことがあります。

> 　教頭（管理職）向けの本って，小難しくて，おもしろくない本が多い
> と思いませんか？

　なぜなら，そういう本はやたらと文部科学省や学習指導要領の専門用語が
羅列されていたり，内容が抽象的で一般論ばかりが綴られていたりするから
です。（そうでない本もありますが，少数派です）

　管理職になるのですから，それくらいの読解力がないと話にならないのか
もしれません。

　しかし，私は……大きな声では言えませんが，読んでいたら眠くなります。

　（べつに，類似本にけんかを売っているわけではありません）

　私の読解力がなくて，レベルの高い文章についていけないのでしょう。

　いや，きっと，私の他にも読みながら眠くなっている教頭がいるはずです。

　周りに言わないだけで，実は多くの教頭が「さっぱり意味がわからないけ
ど，わかったフリをしておこう」と思っているに違いありません！

　本書の企画の話をいただいたときに思ったことは，教頭（管理職）向けの
本を読むと眠くなる私のような教頭にも，読みやすくて眠くならない“レベ
ルの低い本”にしたいということでした。

　関連する法令や難しい用語を使わざるを得ない箇所もありましたが，極力，
平易な文章になるよう努めました。

　また，せっかく現役教頭が書くのですから，極力具体的なエピソードを入

れるように努めました。

　ただし，授業実践なら具体的に書いた方が喜ばれるのですが，教頭の場合は裏事情を具体的に書きすぎると各方面に支障が出る場合もあります。

　編集部から「けっこう具体的なお話が書かれておりますが，問題ないでしょうか」とメールがきて，我に返って書き直すこともありました。

　それでも，私なりに，具体的に読みやすく書いたつもりですが，いかがだったでしょうか。

　もし「この本も読んでいたら眠くなる」という方がいらっしゃったら，私の力不足です。申し訳ありません。

　でも，そういう方には本書を「眠れない夜に読めば，すぐ眠れる本」として，枕元に置いて活用していただくことができます。（それぐらいポジティブ思考でなければ，教頭なんてやってられません！）

　とはいえ，できることなら，不安を払拭するとまではいかなくとも，本書がある程度の見通しをもって教頭職に臨むための一助になることを願ってやみません。

　最後に，いつものことながら，遅筆な私の原稿を粘り強く待ってくださった編集部の茅野さんには，心からおわびとお礼を申し上げます。

　本書の原稿も，この「あとがき」で最後です。

　あとは，頼みます！

辻川和彦

【著者紹介】

辻川　和彦（つじかわ　かずひこ）

1968年長崎県生まれ。1995年から教職に就く。現在，長崎県内の小学校に勤務。「佐世保教育サークル」に所属。「道徳のチカラ」の機関誌『道徳のチカラ』編集長。

〈編著〉『現場発！　失敗しないいじめ対応の基礎・基本』（日本標準）

『掃除指導　完ペキマニュアル』（明治図書）

『給食指導　完ペキマニュアル』（明治図書）

『学級会指導　完ペキマニュアル』（明治図書）

『運動会指導　完ペキマニュアル』（明治図書）

『係活動指導　完ペキマニュアル』（明治図書）

〈単著〉『ラスト３か月の学級づくり』（明治図書）

教頭の実務マニュアル　ツジカワ先生の仕事術

2023年1月初版第1刷刊　©著　者　辻　　川　　和　　彦
2023年5月初版第2刷刊　発行者　藤　　原　　光　　政
　　　　　　　　　　　　発行所　明治図書出版株式会社
　　　　　　　　　　　　http://www.meijitosho.co.jp
　　　　　　　　　　（企画）茅野　現　（校正）嵯峨裕子
　　　　　　　　　　〒114-0023　東京都北区滝野川7-46-1
　　　　　　　　　　振替00160-5-151318　電話03(5907)6702
　　　　　　　　　　ご注文窓口　電話03(5907)6668

＊検印省略　　　　　　組版所　藤　原　印　刷　株　式　会　社

本書の無断コピーは，著作権・出版権にふれます。ご注意ください。

Printed in Japan　　　　　　　ISBN978-4-18-167311-6
もれなくクーポンがもらえる！読者アンケートはこちらから→

完ペキマニュアル シリーズ

掃除指導 完ペキマニュアル

●A5 判・160 頁 本体 1,900 円＋税 図書番号 2830

掃除指導は、校内研修等で取り上げられることはほとんどないため、なんとなくで指導が行われているケースもあります。しかし、掃除の時間をおろそかにすると荒れにつながる可能性もあります。本書では、システムづくりから、中だるみへのアイデアまでを網羅しました。

給食指導 完ペキマニュアル

●A5 判・160 頁 本体 1,900 円＋税 図書番号 2875

給食指導は、校内研修等で取り上げられることはほとんどないため、なんとなくで指導が行われているケースもあります。しかし、給食の時間をおろそかにすると荒れにつながる可能性もあります。本書では、システムづくりから、アレルギーへの対応までを網羅しました。

運動会指導 完ペキマニュアル

●A5 判・160 頁 本体 2,060 円＋税 図書番号 2840

本書は、学級担任として初めて運動会に取り組む 1 年目の教師や体育主任を任された若手に特に役立つ入門書です。実施計画案作成のポイントやプログラム作成のポイントなどの事前準備に関することはもちろん、オススメ種目集まで、運動会にかかわるすべてを網羅しました。

学級会指導 完ペキマニュアル

●A5 判・152 頁 本体 1,900 円＋税 図書番号 2790

教師主導で進めてしまう、子どもがうまく司会をできない…そんな悩みを抱えていませんか。学級会を実のあるものにするには、指導のポイントを押さえることが重要です。本書では進行マニュアルから話し合いを活性化させるアイデアまで網羅。学級会指導に必携の 1 冊です。

明治図書　携帯・スマートフォンからは **明治図書 ONLINE へ**　書籍の検索、注文ができます。▶▶▶

http://www.meijitosho.co.jp　＊併記 4 桁の図書番号（英数字）でHP、携帯での検索・注文が簡単に行えます。

〒114－0023　東京都北区滝野川 7－46－1　ご注文窓口　TEL 03－5907－6668　FAX 050－3156－2790

＊価格は全て本体価格表示です。